기묘한 한국사

소설보다 재밌고
영화보다 흥미진진한
한국사 미스터리

기묘한 한국사

김재완 지음

역사를 알아가는 과정이
즐겁길 바라며

'역사를 왜 공부해야 하나요?'

이 질문에는 아마 이런 의문이 포함되어 있을 것입니다. '이미 일어나 돌이킬 수도 없는 과거를 복기하는 게 우리의 내일이나 나의 오늘에 어떤 의미가 있나?' 하고 말이죠. 이 책이 질문의 답을 찾는 해학적인 과정이 되길 바랍니다.

역사는 반복됩니다.

소수의 위정자는 어리석고, 다수의 국민은 지혜롭기 때문입니다. 인류의 역사는 권력을 독점하려는 염치없는 자의 도전과 이들을 계몽하려는 선량한 이들이 맞선 응전의 연속이었죠.

우리가 겪고 있는 많은 문제는 염치의 실종에 기인합니다.

염치란 무엇일까요? 부주의한 실수에 사과할 줄 알고, 타인의 선행에 감사할 줄 아는 마음입니다. 효율과 이윤만을 강조하다 보면 염치가 사라집니다. 염치가 사라진 나라의 참혹한 결말은 역사에서 확인할 수 있죠. 가문의 영광과 자신의 영달을 위해 나라를 팔아넘기고도 부끄러운 줄 모르는 자들이 득세하기 때문입니다.

역사를 알아야 하는 이유는 나의 안전한 오늘과 후세의 안온한 미래를 위한 의무이자, 대의를 위해 자신의 이익을 포기하며 역사를 쌓아나간 이들에게 최소한의 염치를 지키기 위함입니다.

역사를 알아가는 과정이 즐거웠으면 하는 바람입니다.

그래서 이야기의 채집에 많은 시간을 들였습니다. 우리 역사에 있었던 기묘한 일들을 교과서보다 재밌고 드라마보다 깊이 있게 풀어냈습니다. 각 이야기는 과거에 그치지 않고, 당대의 미래였던 오늘의 우리 현실과 기묘하게 이어집니다.

책을 쓴 지난 1년, 몸은 고되지만 마음은 복되었습니다. 이 책을 손에 든 고마운 당신 또한 즐겁길 고대하며 『기묘한 한국사』, 지금 시작합니다.

2025년 6월
김재완 올림

• 차례 •

2장 조선사를 관통하는
무덤 이야기

3장 끝나지 않은
독립운동에 대하여

4장 1,500년의 시간을 건너는 음모론의 실체

5장 이런저런 직업을 가진 이들의 기막힌 신세

‖ 1장 ‖

한국사 곳곳에 숨겨진 수수께끼

한국사와 함께한
세한도의 기묘한 여정

소나무 한 그루와 잣나무 세 그루 그리고 허름한 집 한 채가 그려져 있는 〈세한도〉가 국보 180호로 지정된 건 추사의 뛰어난 그림 실력 외에도 역사적 의미가 포함되어 있기 때문이다.

그림의 크기는 가로 69센티미터에 세로 23센티미터였으나 추사의 손을 떠난 후 전체 길이가 무려 14미터에 이르렀다. 생활이 곤궁해 유배지인 제주도에서 종이를 이어 붙여 그린 그림 〈세한도〉가 청나라와 일본을 거쳐 우리나라의 국립중앙박물관에 안치되는 여정은 그 자체로 한 편의 드라마다.

추사의 고난에서 나온 명작

——❊——

명작의 탄생은 추사 김정희의 고난에서 비롯되었다. 금석화의 대가이자 추사체의 창조자인 김정희는 55세에 제주도 유배 길에 올랐다. 물설고 바람까지 거센 낯선 섬, 고립된 섬 안에서도 가시 울타리를 두른 집안에서 갇혀 지내야 하는 위리안치는 최악의 유배형이었다.

손에 물 한 번 묻혀본 적 없는 늙은 선비는 음식은 물론이고 옷도 스스로 지어 입어야 했다. 생활보다 견디기 힘든 건 외로움이었다. 정치가 어지러우니, 권력자의 눈치를 보느라 죄인 아닌 죄인과의 인연을 이어 가려는 이는 없었다.

"부인, 먹고 자는 건 어떻소? 그동안 무슨 약을 먹었소?"

자신의 처지보다 병중에 있던 부인을 염려하는 그의 서신은 기가 막히게도 부인이 죽은 날 물은 마지막 안부가 되고 말았다. 한참 후에야 부인의 부고를 접한 추사는 급속도로 무너지기 시작했다.

그런 김정희를 찾는 이가 있었다. 김정희의 제자이자 중국을 열두 번이나 다녀온 역관 이상적이었다. 이상적은 중인이지만 학식이 높았고, 세태에 따라 마음이 달라지는 사대부보다 고매한 심성을 가진 자였다.

"스승님! 자주 찾아뵙지 못해 송구스럽습니다. 그래도 이번에는『황조경세문편』을 구해왔습니다."

"아니, 돈을 주고도 사기 어렵다는 귀한 책을 어찌 늙은 죄인에게 준단 말인가. 자네도 참 출세하는 방법을 모르는구먼, 허허. 고맙네, 참으로 고마워."

역관 이상적은 청나라의 문인들이 그의 글을 모아『은송당집』이라는 책을 제작해줄 정도로 청의 지식인들과 활발하게 교류하고 있었다.

"제가 이 책을 구할 수 있었던 건 청나라에서의 스승님 명성 덕분입니다. 많은 이가 스승님의 안위를 걱정하고 있사오니, 부디 잘 견디셔야 합니다."

"고맙네, 내 비록 어렵지만 자네 덕에 이렇게 잘 버티고 있어. 자네도 항상 몸조심하고 잘 다녀오시게나. 아니지! 이제는 오지 말게. 자네에게 화가 미칠까 두렵네."

이상적이 다녀간 후 마음이 헛헛해진 추사는 제자의 마음에 보은하기로 결심했다.

"작년에는『만학집』과『대운산방문고』를 보내주더니 이번에도 또…. 가만있자, 우선(이상적의 호)을 위해 무엇을 해주면 좋을까? 이번에는 아무래도 글보다 그림이 좋겠어."

추사는 어렵게 구한 종이를 이어 붙여 제자 이상적을 위한 그림을 그리기 시작했다. 그림에 이상적을 직접 언급함은 물론이요 공자의 말을 인용해 감사의 마음을 담기까지 했다.

추사 김정희의 〈세한도〉.
ⓒ국립중앙박물관

"우선, 보시게! 추워진 뒤에야 소나무와 잣나무가 시들지 않음을 알게 된다고 했네."

〈세한도〉의 초라한 집은 추사가 유배되었던 장소이고, 변하지 않는 소나무는 이상적의 늘 푸른 마음을 표현한 것이다.

'어디 보자! 바람이 차서 손이 뜻대로 움직이지 않았으나 이해해 주겠지? 그나저나 우선이 이 그림을 좋아해야 할 텐데, 언제 또 오려나?'

추사가 청탁을 받은 것도 아니고 마음이 일어나 자신을 위해 그림을 그려줬다면 반기지 않을 이가 세상 천하에 어디 있겠는가? 이상적은 당연히 〈세한도〉를 좋아했고 그 기쁨이 얼마나 컸는지는 추사에게 보낸 편지에서 확인할 수 있다.

"〈세한도〉 한 폭을 엎드려 읽으려니 저도 모르게 눈물이 흘러내립니다. 그림을 연경으로 가져가 장황(비단이나 두꺼운 종이를

16

발라 족자로 만드는 작업)을 한 다음 친구들에게 구경시키고 제영을
부탁할까 합니다."

〈세한도〉가 제주에서 출발해 청나라로 가게 된 연유다. 청나
라는 물론이고 당대 동아시아 전역에서 명성이 드높았던 추사
의 〈세한도〉는 북경의 문인들에게도 큰 화제로 떠올랐다. 이상
적이 〈세한도〉를 갖고 입국하자 청나라 문인들이 연회를 베풀었
고, 그 자리에 모인 열여섯 명의 청나라 문인들이 〈세한도〉에 시
문을 덧붙였다. 〈세한도〉의 길이가 14미터에 이르게 된 연유다.

"추사의 글씨에 대해선 두말하면 잔소리지만, 그림도 참으로
좋습니다."

"가만있어 보시오, 이것은 전설 속의 초묵법이 아니오? 추사
는 도대체 어디서 초묵법을 배웠단 말이오? 우선은 알고 있소?"

"스승님께서 열 개가 넘는 벼루를 구멍 내고 1천 개가 넘는
붓을 닳게 해 추사체를 완성하신 건 다들 아시지요? 맥이 끊어
져 더 이상 전해지지 않는 이 초묵법도 30년간 수련하신 끝에
도달한 결과입니다."

초묵법은 먹을 진하게 갈아 물기를 없앤 상태에서 오직 붓의
속도로만 농담을 표현하는 고도의 기법이다.

그러나 추사 김정희의 마스터피스 〈세한도〉는 이상적의 제
자를 비롯한 여러 인물에게 전해지다 세상에서 홀연히 종적을
감췄다.

세한도가 일본으로 가게 된 연유

—❈—

"아직도 〈세한도〉를 누가 모시고 있는지 모르나?"

"시국이 이 모양이니, 벌써 일본으로 넘어간 건 아닌지 모르겠어."

〈세한도〉가 다시 세상에 나온 건 1931년이었고, 경매에 나온 〈세한도〉를 낙찰받은 인물은 일본인 후지츠카 치카시였다. 1926년부터 경성제국대학의 동양철학과 교수로 재직 중이던 그는 추사의 진가를 알아보고 완전히 매료되었다.

'추사의 나라는 사라졌지만, 그의 예술은 내가 이어야겠다.'

그는 조선에 머무는 17년 동안 추사 연구는 물론이고 전국을 돌아다니며 추사에 관한 모든 걸 모으는 데 열성을 다했다. 그 결과 최고의 추사 전문가는 조선인이 아닌 일본인 후지츠카가 되었다.

그는 도굴범이나 문화재를 약탈하는 무뢰한과는 달랐다. 추사의 모든 걸 사랑했으며, 특히 〈세한도〉에 대한 사랑은 남달랐다. 1939년, 그는 환갑을 맞아 지인들을 위한 특별한 선물을 준비했다.

"〈세한도〉를 세상 모두와 나누고 싶지만 그럴 수 없어 〈세한도〉 영인본 100부를 나눕니다."

그러나 그는 이 땅에 〈세한도〉 영인본만 남겨두고 원작은 품

에 고이 안은 채 일본으로 돌아갔다. 〈세한도〉가 일본으로 가게
된 연유다.

세한도의 기묘한 여정이 계속되다
— ❊ —

1944년, 당시 42세였던 조선 최고의 서예가 손재형은 추사 김
정희의 〈세한도〉를 찾아오기로 결심한다. 손재형은 '서예'라는
말을 탄생시켰으며, 당시 겸재 정선의 〈인왕제색도〉를 보유했을
정도로 우리 문화재에 애정이 높았던 인물이다.

'추사 선생님의 〈세한도〉가 일본에 있다는 건 말이 안 된다.
내 무슨 수를 써서라도 〈세한도〉를 다시 모셔 오리라.'

일본으로 건너간 손재형은 후지츠카의 집 인근에서 머물며,
수시로 그의 집을 찾았다.

"돈은 얼마든지! 원하는 대로 드리겠소이다. 〈세한도〉만이라
도 돌려주십시오."

후지츠카는 손재형의 제안을 완강하게 거부했다. 그러나 매
일같이 자신을 찾는 손재형에게서 젊은 날 추사를 향한 자신의
열정과 진심을 보며 마음이 열리기 시작했다.

"선생의 추사에 대한 존경과 사랑은 익히 알고 있습니다. 하
지만 〈세한도〉는 태어난 땅에 있어야 하지 않겠습니까? 선생이

돌아가신 후에도 〈세한도〉가 온전히 보관되고 여전히 존경받을
거라 여기십니까? 선생만큼 추사를 존경하고 〈세한도〉를 아끼
는 제가 잘 모시게 해주십시오."

"내가 졌소. 그리고 돈은 필요 없소이다. 부디 〈세한도〉와 추
사의 예술을 잘 지켜주시오."

일본에서의 폭격을 피하고 고국의 독립을 맞이한 손재형은
1919년 3.1 운동 당시 「기미독립선언서」와 「독립통고서」에 서
명한 민족대표 33인 중 이시영과 오세창, 정인보 선생을 찾아갔
다. 초대 부통령인 이시영, 구한말 최고의 서예가였던 오세창, 역

사학자였던 정인보는 〈세한도〉를 보고 크게 감격했다.

"나라의 독립을 위해 애쓰신 세 분께서 여기 〈세한도〉에 글을 남겨주십시오."

"나라는 우리 모두가 함께 되찾았으나 〈세한도〉를 되찾아 온 건 당신이구려. 참으로 고생하셨소."

"선생님들이 하신 고생에 비하면 제가 한 일은 고생도 아닙니다. 그리고 저 아닌 누구라도 그렇게 했을 것이고, 어느 때라도 〈세한도〉는 반드시 돌아왔을 것입니다."

친구의 변하지 않는 우정을 위해 그려진 〈세한도〉에 광복이라는 역사가 보태지는 순간이었다.

세한도를 떠나보내는 마음

—❈—

〈세한도〉의 기묘한 여정은 여기서 끝나지 않았다. 〈세한도〉가 위태로웠던 대한민국의 근현대사를 유랑하다 국립중앙박물관에 안치된 건 손세기, 손창근 부자에 의해서다.

1903년 개성에서 태어난 손세기는 인삼 재배와 무역업을 하고 있었다. 개성상인답게 전쟁의 가능성을 미리 감지한 그는 야밤을 틈타 인삼밭의 남은 인삼을 트럭에 싣고 남하했다. 인삼이 밑천이 되어주긴 했으나 전쟁 후의 삶은 공평하게 고달팠다.

서울대학교를 졸업한 그의 장남 손창근이 아버지의 사업에 가세하기 전까지 곤궁한 생활을 견뎌야 했다. 잠을 자기 위해 대각선으로 누워야 했고, 빗물로 빨래를 해야 했다. 한 많은 시절을 뚫고 사업은 번창해 갔다.

그렇게 모은 돈으로 두 부자는 한국의 문화재를 모으기 시작했고, 아버지 손세기는 칠순을 맞아 정선, 김홍도 등의 그림 200점을 서강대학교에 기증했다. 박물관이 없던 서강대학교는 그들의 기증으로 박물관을 만들어야 했다.

아버지가 돌아가시고도 아들 손창근의 대가 없는 기부는 평생을 걸쳐 이어졌다. 2008년에는 국립중앙박물관에 1억 원을 기부했고, 2012년에는 식목일을 맞아 남산 두 배 면적의 임야를 산림청에 기증했다. 이 임야는 용인 석포숲 공원으로 시민의 품에 안겼는데, 민간 건설사를 비롯한 많은 곳의 매매 요구를 뿌리치고 무상으로 기증했던 것이다.

50년간 사비를 들여 심은 나무는 덤이었다. 기부 당시 신상 공개를 원하지 않아 산림청 직원들은 그의 얼굴도 보지 못했고, 자식들도 흔쾌히 동의했다는 사실만 대리인을 통해 전달받았다.

평생을 근검절약했고 칠순 잔치도 하지 않은 그는 여든여덟 살 미수연을 맞아 연고도 없던 카이스트에 50억 원 상당의 부동산과 현금을 기부하더니, 아흔이 되던 2018년에는 세 명의 자식들 집에 보관 중이던 작품까지 회수해 300점이 넘는 우리 문화재를 국립중앙박물관에 기증했다.

당시 300점에는 『용비어천가』 초간본(1447)과 추사의 또 다른 난초 걸작 〈불이선란도〉까지 포함되어 있었다. 이에 국립중앙박물관은 '손세기 손창근 특별전'을 개최하며 예우를 다했다.

'문화재 기부왕'이라고 해도 손색이 없는 그가 마지막까지 놓지 못한 작품이 바로 추사의 〈세한도〉다. 오랜 시간 예술품을 수집한 당대 최고의 심미안인 그의 눈에도 최고의 작품은 〈세한도〉였던 것이다.

국립중앙박물관이 아니라 설사 추사가 환생한다 해도 그에게 〈세한도〉를 기부하라고 강요하진 못할 것이다. 그런 그의 마음을 움직인 건 전쟁의 포화를 함께 뚫고 평생을 걸쳐 모든 걸 함께 일군 부인 김연순 여사의 한마디였다.

"땅이고 돈이고 다 나눠주는 걸 좋아하시는 양반이 〈세한도〉는 도저히 못 놓겠어요? 나 주세요, 나는 줄 수 있잖아요."

"당신이 뭐 하려고?"

"내가 기부하려고요!"

2020년 12월 9일, 손창근 옹이 〈세한도〉마저 끝내 기부하자 대한민국 정부는 그에게 문화유산 보호유공자 포상을 시작한 이래 최초로 금관문화훈장을 수여했다. 어느 기부 행사에도 모습을 드러내지 않던 그는 자식들의 간곡한 부탁에 청와대 행사에는 참석했다고 한다.

〈세한도〉를 떠나보낸 그의 마음은 어땠을까? 아쉬움이나 헛헛함, 뿌듯함 등의 한 가지 마음으로는 설명이 불가능할 것이다. 〈세한도〉를 국가에 기증한 그는 2024년 6월 11일, 95세를 일기로 세상을 떠났다.

그러나 그의 사망 소식이 알려진 건 일주일이 지난 후였다. 그의 이름을 건 특별전까지 열었던 국립중앙박물관은 당혹감을 감추지 못하다 그의 차남 손성규 교수의 말을 전해 듣고 더욱 놀라고 말았다.

"아버지께서 특히 박물관과 산림청에 알리지 말라고 당부하셨습니다. 저희는 자식 된 도리로 고인의 뜻에 따라 조용히 가족장으로 치렀습니다."

그저 '그 할아버지에 그 아버지에 그 아들이다'라는 말로 존경의 마음을 표할 수밖에 없다. 팔아먹을 수만 있다면 그림이 아니라 나라까지 팔아먹으려는 인간들의 탐욕을 〈세한도〉라는 위대한 명작을 만들고 지킨 분들이 중화시키며 세상이 정화되는 게 아닐까?

〈세한도〉는 세태에 따라 사람을 배반하지 않는 이상적의 마음과 그런 마음에 감사할 줄 아는 추사의 마음이 더해져 위대한 예술이 되었고, 돈과 상관없이 예술을 지키려는 바보 같은 이들의 선한 마음이 더해져 위대함이 점점 더 자라고 있다.

정감록이 조선 왕실의
절대 금서였던 이유

이성계는 이씨가 왕이 된다는 십팔자위왕설을 등에 업고, 고려 우왕을 폐위시킨 뒤 조선을 건국했다. 세월이 흘러 조선의 위정자들이 백성을 위하는 대신 자신의 사리사욕을 채우는 정치를 펼치자 한 예언서가 조선을 뒤흔든다.

"진인 정 도령이 나타나 조선을 멸망시키고, 새 나라를 세울 것이다."

조선 왕실이 절대 금서로 지정한 예언서인 『정감록』의 핵심 내용이다. 계룡산 연천봉 정상에 새겨진 '방백마각 구혹화생'(조선이 건국 482년 만에 멸망한다는 뜻)은 오늘날까지 지워지지 않고 남아있다. 안채에는 『토정비결』, 사랑채에는 『정감록』이란 말이

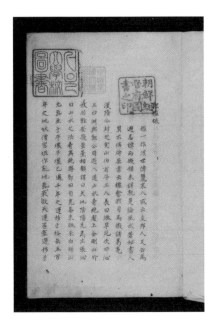

『정감록』
ⓒ한국민족문화대백과사전

있을 정도로 조선 시대를 장악한『정감록』에 대해 알아보자.

　『정감록』은 정감과 이심, 두 사람이 팔도를 유람하다 금강산에 올라 필담을 나누며 미래를 예언하는 형태로 서술되어 있다. 『정감록』의 정은 정씨, 감은 거울을 뜻하는데 거울은 다양한 문화권에서 예언의 도구로 사용되었다.『정감록』은 조선의 멸망뿐만 아니라 조선 이후의 미래를 예언했다는 주장도 있다.

　『정감록』은 조선 시대 내내 금서였기 때문에 정본은 존재하지 않으며, 심지어 저술 연대도 확인이 불가능하다. 또한 이 사람 저 사람을 거치며 수백 년 동안 필사로 전해졌다. 그 과정에서 『정감록』이란 큰 틀 안에 누군가 자신의 생각을 첨삭했을 가능성도 있다. 마치 오늘날의 나무위키와 같은 형태로 전해진 것이다. 현재까지 『정감록』이라는 이름으로 전해지는 것만 40종 이상이다.

『정감록』은 천문, 점성, 음양오행과 풍수지리 등 조선 시대 서민들의 관심을 끌 만한 모든 내용이 담겨있다. 또한 재앙이 닥쳤을 때 목숨을 지킬 수 있는 장소와 방법까지 구체적으로 기록되어 있으니 난세의 백성에게 더욱 큰 사랑을 받았을 것이다.

왜 정씨이고 계룡산인가

—❈—

『정감록』은 하고 많은 성씨 중에 왜 하필 '정씨'를 택했을까? 이런 예언서에 등장하는 메시아의 성씨를 아무런 의미 없이 지었을 리는 만무하다. '이씨' 조선에 맞서기에는 김씨와 박씨는 설득력이 떨어졌다고 판단했을까?

정씨 하면 고려의 마지막 충신 정몽주가 떠오른다. 정몽주는 고려 입장에선 우리의 유관순 열사를 떠올리게 할 만한 인물이다. 죽음을 각오하고 충절을 지켰으며, 이방원에게 죽어 조선에 대한 원한이 누구보다 크다.

두 번째로 떠오르는 인물은 정여립이다. 조선뿐만 아니라 우리 역사를 통틀어 가장 무능한 왕으로 손에 꼽을 선조 때 인물이다. 선조는 모든 분야에서 무능했지만 자신의 왕권을 지키는 데는 탁월했다.

조선 시대 4대 사화(무오사화, 갑자사화, 기묘사화, 을사사화) 사망자 수를 합친 것보다 많은 사람이 희생된 기축옥사도 그의 시대에 발생했다. 기축옥사의 명분은 정여립이 역모를 일으켰다는 수상쩍은 보고에서 시작되었다. 정여립의 난이라고 일컬어지는 이 사건은 조선판 간첩 조작 사건의 냄새가 진동한다.

정여립은 문무에 뛰어난 탁월한 웅변가였으며, 정계에서 스스로 물러나 "만물은 공공재다"라고 주장하기도 했다. 만약 누군가가 역모라는 누명을 씌우기로 작정했다면 안성맞춤의 인물이다. 정여립은 난의 진압 과정에서 자결당한 것으로 추정된다.

마지막 인물은 『정감록』을 추종하는 이들이 정 도령으로 가장 강력하게 믿고 있는 조선의 설계자라 불리는 정도전이다. 조선 건국 최고의 주역 정도전 또한 이방원에 의해 제거되었다.

이씨 왕조에 의해 제거된 또는 제거된 것으로 추정되는 뛰어난 인물 중에 정씨가 유난히 많다.

"산천의 기운이 계룡산으로 들어오니, 정씨가 800년간 도읍을 할
　땅이로다?"

정 도령의 정체는 끝내 알 수 없으나, 새 왕조의 도읍지만은 『정감록』에 명확히 기록되어 있다. 풍수지리의 대가 도선대사도 이곳을 길지라 했으며, 소백산까지 태극 문양으로 이어지는 '계룡산'은 풍수지리상 최고 길지 중 하나라는 데는 이견이 없다. 오죽하면 태조 이성계가 계룡산 인근 신도안에 도읍을 정하려고 했을까? 이 지역에는 이성계가 궁궐터를 닦았던 흔적이 오늘날까지 남아있다.

정감록이 등장하고 퍼지다

— ❈ —

『정감록』이 조선 역사에 정식으로 언급된 건 아이러니하게도 조선의 르네상스 영정조 시대 때다. 조선 시대 문무합 기구인 비변사에서 1617년 광해 9년부터 1892년 고종 29년까지 처리한 일을 기록한 『비변사등록』에 『정감록』이 최초로 등장한다.

『비변사등록』의 영조 15년 때 글을 보면, "함경 감사에게 『정감록』 역년에 관한 이 등도 조사하게 해 엄히 처단해야 합니다." "서북 변방 사람들이 정감의 참위 한 글을 파다히 서로 전해 이야기하므로 문제가 심하다."라고 되어 있다.

정조 6년인 1782년, 『정감록』은 역모 사건의 배후로 지목되며 세상을 발칵 뒤집어놓았다. 역모의 주모자는 천민 문인방과 양반 이경래였으며, 그들은 강원도에서 시작해 동대문으로 진입한다는 구체적인 루트까지 완성했다. 특히 천민이면서 학식이 높아 난의 실질적 리더였던 문인방은 양반들로부터 선생이라고 불렸으며, 풍수지리에도 정통했다고 한다.

비록 역모는 실패했지만 『정감록』을 내세운 조선 최초의 역모 사건으로 기록되었다. 이후 조정에선 『정감록』을 엄히 금했으나, 한글판까지 등장하며 들불처럼 번졌고 이 불길은 어명조차 삼켜버렸다.

안동 김씨를 주축으로 한 소수 권력자의 세도정치로 백성의 삶이 도탄에 빠졌을 때 기묘한 소문이 퍼져 나가기 시작했다.

"그 불상의 배꼽에 있다는 예언서가 세상에 나오는 날 이 썩어빠진 나라가 망한다니, 하루빨리 정 도령이든 박 도령이든 그 비기를 꺼냈으면 좋겠구먼."

"그러게나 말일세, 천민들은 물론이고 양반들과 상인들까지 못 살겠다고 하니 이게 도대체 누구를 위한 조정이란 말인가."

이들이 말한 불상은 고창 선운사의 동불암지 마애여래좌상이다. 그리고 동학의 접주 손화중이 불상의 배꼽에서 신비로운 비결을 꺼냈다는 소문이 돌며 동학은 백성 사이에서 급속도로 퍼져 나간다.

동학 창시자 최제우가 집필한 『동경대전』은 『정감록』의 주요 사상을 채택하고 문구까지 직접 인용하고 있다.

"가난한 자는 살고 부자는 죽는다. 양반과 상놈의 구별이 없어지고 예법이 다 사라진 다음에야 새 세상을 만들 수 있다."

동학 접주 전봉준은 전주성 전투 전날 농민군에게 부적을 나눠주며 말했다.

"궁을부를 태워 마시면 적군의 총과 화살이 피해 갈 것이다."

'궁궁을을'은『정감록』의 주요 내용이며 동학 지도자들은 백성의 사기 진작을 위해 부적을 만들었다.『정감록』이 당시 백성에게 얼마나 큰 영향을 미쳤는지, 세상이 얼마나 썩었는지 확인할 수 있는 대목이다.

1946년 최남선이 조선에 관한 상식을 알리고자 저술한 문답서인『조선 상식문답』에는 아래와 같은 구절이 있다.

"광해와 인조 이래 모든 혁명 운동에는 계룡산과 정씨의 그림자가 어른거렸다."

살아 움직이는 생물 같은 정감록

—— ✦ ——

『정감록』은 계룡산 인근에 스스로를 도사라 자처하던 이들을 모이게 했으며, 특히 조선 시대 내내 차별받던 평안도 지역을 중심으로 오늘날의 북한 지역 주민들에게 큰 영향을 미쳤다.

영주시 풍기읍이 평안도의 대표적 특산물인 인견과 인삼의 중심지가 된 건 『정감록』 덕분이다. 1930년대 북한의 많은 주민이 고향을 등지고 남쪽의 시골 마을까지 내려온 건 풍기가 『정감록』에서 일컫는 십승지 중 한 곳이었기 때문이다.

십승지란 나라에 난리가 나도 몸을 보존할 수 있는 곳이며, 정승과 장승이 연달아 날 거라고 『정감록』은 말한다. 풍기, 공주, 가야, 봉화, 진천, 태백 등 구체적인 장소까지 언급하고 있다.

십승지를 찾아 모여든 이들이 사는 곳을 감록촌이라 불렀는데, 감록촌은 1970년대 도시화가 되기 전까지 명맥을 유지했다. 21세기에는 산 좋고 물 좋고, 도시와 먼 십승지를 찾아 힐링 여행을 떠난다고 하니 『정감록』은 다른 형태로 우리의 삶에 남아 있다.

『정감록』은 마치 살아 움직이는 생물 같다는 생각을 지울 수 없다. 『정감록』을 지은 이도 『정감록』을 없애려는 자들도 『정감록』을 통제하지 못했다. 『정감록』은 오히려 힘이 없다고 느끼는 백성에 의해 생명력을 가지게 되었다.

『정감록』이 빛을 발한 건 위정자들이 옳은 정치를 하지 못할 때였으며, 나라가 안정되고 백성의 삶이 평화로울 때는 일부 사람의 손에만 갇혀 있었다는 걸 오늘날의 정치인은 잊지 말아야 할 것이다.

첨성대에 숨겨진
선덕여왕의 비밀코드

경주는 양산단층과 울산단층이 만나는 곳으로 예로부터 지진이 잦았던 곳이다. 『삼국사기』에는 혜공왕 15년 3월에 서라벌 지진으로 사망자가 100명에 이른다는 기록이 있다. 2016년에는 우리나라에서 지진을 관측한 이래 최대 규모인 5.8의 지진이 경주에서 일어났다. 이 지진으로 경주에 있는 1천 년 넘은 한 건축물이 2센티미터 정도 기울어졌다.

그럼에도 여전히 안정성을 유지하며 1천 년 넘게 그 자리를 지키고 있는 첨성대에 대해 알아보자. 첨성대가 놀라운 건축학적 공법과 신비로운 숫자의 비밀을 품고 있다는 사실을 아는 한국인은 많지 않을 것이다.

첨성대의 건축학적 비밀

— ❈ —

볼(첨), 별(성)이라는 이름에서 천문대임을 쉽게 짐작할 수 있다. 우리나라에 남겨진 고대 건축물 중 재건 또는 보수하지 않은 유일한 건축물이며(국보 제31호), 전 세계에서 가장 오래된 천문대로 알려져 있다.

첨성대는 신라의 옛 궁궐터에서 300미터밖에 떨어지지 않은 비두골에 아름다운 곡선미를 뽐내며 단아하게 서 있다. 비두는 '북두칠성이 잘 보이는 곳'이라는 뜻으로 오늘날까지도 경주의 지명으로 사용되고 있다.

언뜻 평범해 보이는 첨성대가 한국의 지진 위험 지대인 경주에서 1천 년 넘는 세월 동안 버틴 건축학적 비밀은 무엇일까? 첨성대는 높이 9.17미터, 밑지름 4.93미터, 윗지름 2.85미터로 원통형 몸체에 정상부는 사각형 모양이다. 무게는 264톤에 달하며, 300개가 넘는 돌로 만들어졌다.

첨성대의 첫 번째 건축학적 비밀은 지표면 아래에 있다. 고대 신라인들도 서라벌이 지진 위험 지대라는 걸 인지하고 있었다. 그래서 첨성대 축조 전 주변 땅 아래를 파고 돌과 흙을 채워 지반을 다진 것이다. 기초공사를 단단히 한 후 그 위에 기단석을 올리고, 다시 돌을 이용해 첨성대를 만들기 시작했다. 단순히 돌만 안정되게 쌓아 올리지 않았다.

두 번째 비밀은 첨성대 내부에 있다. 첨성대의 중간 위치에 창문으로 보이는 가로, 세로 1미터의 사각형 구멍이 보인다. 필자는 어린 시절 이 구멍으로 별을 관측하는 건가 생각했었다.

첨성대 내부를 확인한 결과 맨 아래 기단석에서 창문 바로 아래까지 다시 굵은 돌과 흙으로 채웠다. 창문 아래에 해당하는 하단부를 채운 흙이 첨성대의 돌들을 지탱해줬지만, 비가 오면 습기를 머금은 흙이 돌을 밀어내 첨성대는 뒤틀리고 말았을 것이다. 배수의 효과를 위해 흙과 함께 큰 돌을 함께 넣은 것이다.

상단부에는 어떤 비밀이 있을까? 첨성대의 가운데 위치한 창문을 기점으로 위쪽에 해당하는 상단부는 천문대의 기능을 위해 비어 있다. 첨성대의 맨 위는 정자석으로도 불리는 긴 돌들이 우물 정자 모양으로 배치되어 있다.

2010년 카이스트에선 1/15 크기의 첨성대 축소 모형을 제작해 지진 실험을 했다. 실험의 목적은 첨성대 정상부의 정자석이 내진에 견디는 기능이 있는지 확인하는 것이었다. 그래서 정상부의 정자석이 있을 때와 없을 때로 나눠 실시했다. 놀랍게도 정상부의 정자석이 지진을 견디는 데 탁월한 효과가 있다는 게 입증되었다.

우리가 전 세계 곳곳에서 발견되는 고대 유물이나 건축물을 보며 선조들의 지혜에 놀라는 데는 현대인이 고대인보다 우월하다는 기저가 깔려 있다. 하지만 자신이 살고 있는 터전을 버튼 하나로 날려버릴 수 있는 핵무기를 개발하고, 개발이라는 이름으로 스스로가 마시는 공기를 더럽히는 우리가 과연 고대인들보다 현명하다고 할 수 있을까?

전체적으로 안정된 곡선미를 이루는 첨성대의 외관을 보고 스티브 잡스가 열광했던 곡선미를 떠올려본다. 신라인들은 첨성대의 내진 설계뿐만 아니라 미학적 요소도 고려한 게 분명하다.

첨성대가 품은 숫자의 비밀과 정체의 의문

첨성대는 중앙 창문의 아래인 하단부가 12단이다. 1년 12개월을 의미하며, 상단부 또한 12단인데 상하단을 합친 숫자는 24절기를 의미한다. 상하단부 24단에 창문의 3단을 합치면 총 27단이 되는데 달의 공전 주기이며, 신라의 제27대 왕이 첨성대를 만들었다. 몸체 27단에 기단과 정상부 4단을 합하면 총 31단으로 한 달을 의미하고, 첨성대를 만드는 데 사용한 돌의 숫자는 놀랍게도 1년을 상징하는 365개다.

첨성대가 품은 놀라운 숫자는 역사에 기록되어 있지 않고 후대에서 확인한 것이다. 그렇다고 말도 안 되는 억측이라고 치부하기도 어렵다. 이런 우연의 일치가 겹치는 게 더 억측에 가깝지 않을까?

신라인들은 마야인들처럼 하늘을 관찰하고 자연의 주기를 일상과 건축물에 담는 게 자연스러운 일이었기에 굳이 기록으로 남기지 않았거나, 기록이 사라졌을 수도 있다. 그렇게 첨성대가 품은 숫자의 비밀은 영원히 풀리지 않는 미스터리로 남았다.

강화도 마니산에는 단군이 하늘에 제를 지내던 곳으로 추정되는 참성단이 있다. 그런데 참성단의 외관도 첨성대처럼 원통형에 정상부는 사각형이다. 그래서 신라의 첨성대가 천문대가 아니라 제단이라는 주장도 있다.

첨성대는 과연 천문대일까? 아니면 하늘에 제를 올리는 제단이었을까? 첨성대를 만든 왕을 확인해 보면 정답에 가까워지지 않을까? 첨성대는 우리나라 최초의 여왕인 신라 제27대 선덕여왕 때 축조되었다. 후대에 기록된 역사의 기록을 살펴보며 수수께끼를 풀어보도록 하자.

『삼국사기』에는 선덕여왕의 치세에 돌을 다듬어 첨성대를 쌓았다고 기록되어 있으며, 『신증동국여지승람』에는 "첨성대는 선덕여왕 때에 돌을 다듬어 쌓았는데 그 속은 비어 사람이 오르내리며 천문을 관측한다."라고 기록되어 있다.

『세종실록지리지』에는 조금 더 자세한 기록이 있다.

"당 태종 7년 신라 선덕여왕이 쌓은 것이다. 높이가 19척 5촌, 둘레가 21척 6촌, 아래의 둘레가 35척 7촌이다. 그 가운데를 통하게 하여, 사람이 가운데로 올라가게 되어 있다."

역사의 기록은 첨성대가 천문대였다고 하며, 하늘을 관측하는 방법까지 알려주고 있다. 첨성대의 중간부인 창으로 별을 관측하는 게 아니었나 하는 추측은 역시 틀렸다.

경주의 신라 역사 과학관에서 사료를 바탕으로 신라인이 별을 관측하는 모습을 재현했다. 사다리를 가로, 세로 1미터의 창문에 걸쳐놓고, 외부 아래에서부터 올라가 창을 통해 내부로 들어간 것이다.

첨성대의 창은 외부를 보기 위한 게 아니라 내부로 들어가는 출입구다. 창 아래에 사다리를 안정적으로 댈 수 있게 인간이 홈을 만든 것도 확인할 수 있다. 이 창은 첨성대의 13단에서 15단 사이에 뚫려 있다.

1단부터 12단까진 흙과 돌로 채워져 있기에 내부로 들어가도 아래로 떨어질 위험이 없다. 비어 있는 내부에 진입한 후에 다시 사다리를 타고 올라가 첨성대의 최상단부에서 천문을 관측했던 것이다. 형식적인 천문대가 아니었나 하는 의구심이 들 수 있다.

『삼국사기』에는 일식, 혜성, 유성을 비롯해 수성, 금성, 화성, 목성, 토성 등 다섯 가지 행성에 대한 기록이 있는데, 우리 선조들은 천문에 얼마나 관심이 많았을까? 『삼국사기』 중 천문에 관한 기록은 무려 27%를 차지하는데, 전쟁이나 외교에 관한 기록보다 높은 수치다. 고대인들은 현대인보다 천문에 관한 관심이 훨씬 많았고, 그렇게 많은 걸 얻었다. 우리는 가끔 하늘을 볼 게 아니라 더 자주 하늘을 봐야 하지 않을까?

『삼국사기』의 천문 기록을 첨성대가 세워지기 700년 전과 첨성대 축조 후 300년간으로 구분해 비교한 결과, 천문 기록이 무려 네 배나 늘었다고 한다. 이는 첨성대가 천문대로서 기능했다는 걸 보여주는 증거가 될 수 있다.

삼국 시대부터 조선 시대에 이르기까지 다양한 역사서에는 천문 박사, 누각 박사, 천문관, 일관 등 천문 관측을 전문으로 하는 이들이 등장하며, 이들은 왕의 순행 시 동행할 정도로 중요하게 여겨졌다.

왜일까? 농경 사회에서 장마와 가뭄, 천재지변, 개기일식을 미리 아는 건 현대 사회에서 남이 가지지 못한 정보와 축적된 빅데이터를 보유하는 것과 비슷한 힘을 갖는 것과 같았을 것이다.

선덕여왕이 첨성대를 만든 이유
— ✖ —

선덕여왕은 왜 첨성대를 만들었을까? 신라는 불토국을 표방할 정도로 불교에 진심인 나라였다. 선덕여왕의 아버지인 진평왕의 이름은 백정이고, 선덕여왕의 어머니는 마야부인이라 불렸다. 백정과 마야는 석가모니의 부모님 이름이다. 신라 왕실의 불교에 대한 사랑이 얼마나 깊었는지 짐작할 수 있다.

진평왕은 50년이 넘는 재위 기간 동안 신라의 영토를 한강 유역까지 넓히며 강력한 왕권을 구축했지만, 정작 아들은 얻지 못했다. 진평왕은 깊은 고뇌에 빠졌다. 신라 건국 이후 진평왕 이전까지 직계 아들이 없는 경우 사위가 왕위를 이은 경우도 두 차례나 있었다.

그러나 왕은 자신의 장녀가 어느 남성 못지않게 신라를 잘 다스릴 수 있다고 확신했다. 딸을 믿지 못했다면 명확한 구분이 없었던 성골과 진골을 따지지 않고 후보자를 찾을 수 있었을 것이다.

왕의 결심이 확고해지고 우려가 옅은 안개처럼 퍼져 나갔다. 시대와 분야를 막론하고 최초의 길은 언제나 험난하다. 한국사 최초의 여왕이 탄생하는 과정은 결코 순탄하지 않았다.

진평왕 재위 말년 칠숙과 석품이 신라 역사 최초로 귀족에 의한 반란을 일으켰다. 진평왕은 자신의 왕위를 지킬 때보다 단호했다. 반란의 당사자는 물론이고 9족을 멸하며 여왕의 등극에 지지를 표명했다.

서기 632년, 선덕여왕은 화백회의라는 정식 절차로 당당히 신라 제27대이자 한국사 최초의 여왕으로 즉위했다.『삼국사기』에 묘사된 즉위 현장을 살펴보자.

"선덕여왕이 즉위하니 휘는 덕만, 진평왕의 장녀다. 어머니는 김씨 마야부인이다. 덕만의 성품은 관인하고 명민했으며, 왕이 돌아가고 아들이 없으니 나라 사람이 덕만을 세워 '성조황고(성스러운 혈통을 가진 황실 여성이란 뜻으로, 그녀의 정통성을 강조하고 있다)'라는 호를 올렸다."

선덕여왕의 15년에 이르는 재위 기간은 어땠을까? 외부적으로는 잃어버린 영토를 되찾고자 신라를 끊임없이 공격하는 백제의 의자왕에 맞서야 했고, 내부적으로는 여성 왕의 권위에 도전하는 남성 기득권층의 도전을 받았다.

선덕여왕은 자신의 사람을 키우고자 비주류인 김유신과 김춘추 등을 중용하는 한편, 신라의 국교인 불교를 앞세워 왕권 강화와 민심 잡기에 나섰다.

재위 기간 동안 20여 개의 사찰을 지었으나, 민심을 한곳으로 모을 랜드마크가 필요했다. 때마침 당나라 유학에서 돌아온 자장대사가 선덕여왕에게 건의하며 여론을 조성한다.

"제가 당나라에서 수행하던 중 선인을 만났는데 신라로 돌아가 9층 목탑을 지으면 온 나라가 평온할 거라고 했습니다."

불교가 국교인 나라에서 외국 유학을 마치고 온 유력 승려의 건의가 있다면 대규모 토목 사업에 명분이 선다. 신라의 보물이라고 불리는 황룡사에 아파트 30층 높이에 이르는 9층짜리 거대 목탑이 들어선 경위다.

황룡사지 9층 목탑은 높이가 82미터에 이르며, 각 층은 신라가 물리쳐야 할 적들을 의미한다. 1층 일본, 2층 중화, 3층 오월, 4층 탐라, 5층 백제, 6층 말갈, 7층 거란, 8층 여진, 9층 예맥으로 신라 백성의 이목을 끌고 민심을 한곳으로 모을 수 있는 훌륭한 스토리텔링이다.

신라는 목탑의 완성도를 높이고자 최고의 전문가를 적국인 백제에서 데려왔다. 당대 최고의 목탑 전문가인 백제의 아비지는 이 석탑을 쌓아 올리는 데 단 한 개의 못도 사용하지 않았다.

선덕여왕이 백제의 공격을 받고 위기에 처했을 때 당나라에 지원군을 요청한 적이 있다. 그때 당 태종이 신라의 사신에게 제시한 묘책 중 세 번째가 기분을 몹시 상하게 한다. 『삼국사기』의 기록을 보자. 당 태종은 헛소리를 한다.

"그대 나라는 임금이 부인이어서 이웃 나라에 업신여김을 받는 것이다. 내가 나의 친족 한 사람을 보내 그대 나라의 임금으로 삼고 군사를 보내 보호케 하면 어떤가?"

선덕여왕은 재위 기간 내내 적국, 자국, 동맹국의 남자로부터 무시를 받아야 했다. 결국 재위 마지막 해 비담의 난이 일어났다. 신라 최고위 관리직인 상대등 비담이 '여주불능선리', 즉 '여왕은 정치를 잘 할 수 없다'라는 명분을 내세워 반란을 일으킨다. 비담의 난은 선덕여왕이 발탁한 김유신과 김춘추에 의해 진압되었고, 이후 그들은 함께 삼국통일의 대업을 달성한다.

선덕여왕은 왕위를 진덕여왕에게 물려주며 도리천에 묻어달라는 유언을 남겼다. 도리천은 불교의 주요 사상인 33천 사상을 음역한 것으로, 불교 세계관에서 세상의 중심이라는 수미산

위에 있다. 33은 불교에서 매우 중요한 숫자로, 제야의 종이 서른세 번 타종되며 불국사의 천왕문과 대웅전 사이의 계단 숫자이기도 하다. 부처님을 만나러 가기 위해 반드시 거쳐야 하는 계단이다.

선덕여왕은 결혼은 했으나 자식은 없었다고 한다. 재위 기간 중 그가 의지할 사람이 몇이나 있었을까? 아버지 진평왕도 고독했을 것이나, 선덕여왕의 마음은 늘 겨울처럼 혹독했을 것이다.

모두가 잠든 밤, 쉽게 잠들 수 없었던 선덕여왕은 궁 주위에 있던 첨성대에 이따금 올라 누구에게도 말할 수 없던 속내를 부처님에게 털어놓곤 하지 않았을까?

"날이 차고 직접 오르시기에는 위험하옵니다."

"괜찮다! 속에서 천불이 나서 추운 줄도 모르겠다. 너는 그 아래에서 불이나 좀 잘 비추거라."

광개토대왕릉비에
무슨 일이 있었던 걸까

한국인에게 가장 사랑받는 역사 속 인물 세 명을 꼽으라면 이순신 장군, 세종대왕과 더불어 광개토대왕을 들 수 있을 것이다. 그런데 우리 민족의 자긍심인 광개토대왕릉비가 2004년에 중국의 유네스코 문화유산으로 지정되었고, 4세기경 일본이 신라와 백제를 지배했다는 임나일본부설을 뒷받침하는 자료로 쓰이고 있다는 걸 아는 이는 많지 않다. 우리 민족 최대의 영토를 구축했던 왕이 무덤에서 벌떡 일어날 지경이다. 도대체 광개토대왕릉비에는 무슨 일이 있었던 걸까?

광개토대왕릉비와 일제의 만행

—❈—

광개토대왕릉비는 오랜 세월 우리나라뿐만 아니라 동아시아 역사에서 사라졌었다. 세계적으로 유례를 찾아보기 힘든 기록의 나라 조선에서도 광개토대왕릉비에 대한 내용이 적거나 잘못 알려져 있다. 『용비어천가』의 기록을 보자.

"평안도 강계부 서쪽 강 건너 140리에 있는 큰 들 가운데 대금 황제 성이라 칭하는 고성이 있고, 성 북쪽 7리에 비석이 있다."

광개토대왕릉비를 금나라 황제의 비로 알고 있었던 것이다. 고구려 멸망 이후 오랜 세월이 지나며 우리 역사에서 멀어진 까닭이다. 또한 청나라가 들어서며, 광개토대왕릉비가 위치한 지역을 자신들의 선조가 일어난 지역이라고 성역화했다. 하여 출입을 금하자 광개토대왕릉비는 인간들과 물리적으로도 멀어지게 되었다. 그렇게 광개토대왕릉비는 오랜 세월 우리의 땅이 아닌 곳에 봉인되어 있었다. 불행은 거기서 그치지 않았다. 광개토대왕릉비의 봉인이 일본 군부에 의해 해제된다.

광개토대왕릉비가 역사에 재등장한 건 1880년대다. 조선과 동아시아 정복을 목표로 제국주의 노선을 정한 일본은 조선 침략의 명분이 필요했다. 일본 군부는 조선은 물론 중국 땅에도 스파이를 파견해 역사 유물 찾기 프로젝트에 돌입했다. 그리고 『일본서기』에 등장하는 '임나일본부설'을 뒷받침할 고대 유물을 찾았다며 흥분한다.

『일본서기』는 720년에 쓰인 일본 최초의 역사서이며 정사라고 일본 정부가 주장하나, 자국인 일본 학계에서도 일부 학자는 정사로 인정하지 않고 있다. 특히 4세기 무렵의 기록은 내용이 철학서에 가까운데, 여기에 일본이 조선 침략의 명분을 세우기 위한 임나일본부설이 등장한다.

이 설은 4세기 후반부터 6세기까지 왜가 신라와 백제는 물론 가야까지 지배했으며, 가야에 일제 강점기 조선총독부의 역할을 수행하던 일본부라는 통치기관을 설치했다는 다소 황당한 내용을 기반으로 하고 있다.

광개토대왕릉비는 중국인으로 변장한 채 중국의 지안 지역을 뒤지던 일본군 소위에 의해 발견되었다.

"됐다! 지금 당장은 알 수 없으나 상부가 원하는 그것이라는 느낌이 오는구나!"

일본 군부는 중국 영토에서 비문의 연구가 불가능하다고 판단했고, 서둘러 비의 탁본을 떠 일본으로 돌아간다. 그리고 제국주의 군부 주도하에 많은 학자를 동원해 광개토대왕릉비를 오랜 시간 연구한다. 일본은 비를 발견한 후 7년이 지나서야 관변 잡지를 통해 한 편의 기사를 내보낸다.

"우리는 광개토대왕릉비를 발견했고, 오랜 세월 내용을 분석한 결과 비에서 임나일본부설을 뒷받침하는 내용을 발견했습니다. 『일본서기』의 내용이 마침내 역사적 사실로 확인되었습니다. 우리가 발견한 내용은 아래와 같습니다."

이왜이신묘년 래도해파백잔 00 신라 이위신민

(일본이 신묘년에 바다를 건너와 백잔과 00과 신라를 쳐부숴 일본의 신민으로 삼았다)

향후 100년간 논란이 지속되는 일본이 주장하는 해석이다. 백잔은 백제를 뜻하며 '00' 부분은 오랜 세월이 지나 판독이 불가능한 글자이나 문맥상 가야로 추정된다. 그간의 동아시아 역사 판도를 뒤집는 놀라운 발견이 아니라 악마의 편집이다.

신라, 백제가 독자적인 문화를 발전시킨 건 물론이며 가야 지방에서도 왜의 유물이 전혀 나오지 않았고, 우리나라뿐만 아니라 중국 역사서에도 임나일본부설을 뒷받침하는 사료는 전혀 없다.

그럼에도 불구하고 일본 군부는 억지 주장을 굽히지 않았다. 일본의 사료나 유물이 아닌 우리 민족의 자긍심인 광개토대왕릉비를 이용해 자신들의 한반도 지배를 주장하는 일본의 행태에 숨이 멎을 지경이다.

광개토대왕릉비를 둘러싼 논쟁

—— ❊ ——

1970년대가 열리며, 재일 사학자 이진희 교수가 일본에서 임나일본부설을 정면으로 반박하는 충격적 주장을 들고 나온다.

"광개토대왕릉비는 일본군에 의해 훼손되었습니다. 저의 조사에 따르면 군부는 일명 석회도부 작전을 실행했습니다. 역사를 왜곡하고 조작하고자 비의 글자를 석회로 메우기도 하고, 심지어 파내기도 했습니다. 비의 연구는 중국의 비협조로 탁본에 의지할 수밖에 없습니다. 그런데 일본이 진본이라고 주장하는 탁본 외에 추가로 발견되는 탁본마다 글자가 다릅니다."

이진희 교수의 주장은 한일 양국의 뜨거운 역사 논쟁을 다시 불러일으켰다. 1981년 중국의 지린성 문물연구소장인 왕건군이 이진희 교수의 주장에 반박하며 또다시 새로운 국면을 맞는다.

"당시 청나라 영토 안에서 일본군이 거대 비석을 조작하는 작업을 하는 건 불가능합니다. 석회가 발라진 건 사실이지만 일본군이 아니라 중국의 탁본 전문가들이 작업의 편의를 위해 한 것이며, 조작이나 훼손의 증거 또한 없습니다."

일본군의 광개토대왕릉비 발견 소식이 전해진 후 청나라에서도 탁본을 통한 연구를 시작했다. 당시 광개토대왕릉비 인근에 살고 있던 탁본 전문가 부자가 주로 작업을 했는데, 곳곳에서 탁본 제작 주문이 쏟아졌다. 주문이 밀리자 탁본을 빨리 뜨려고

광개토대왕릉비

석회를 발랐다는 것이다.

　광개토대왕릉비 조작 논란은 한중일 삼국지의 형국으로 전개되었다. 이 논쟁에 대해 한일 양국의 역사학계는 2010년도에 이르러 합의에 도달할 수 있었다.

　"임나일본부는 왜에서 가야에 파견한 외교사절이다."

　일본 역사학계도 임나일본부설을 부정한 것이다. 그러나

2015년 아베 정권에 의해 임나일본부설이 일본의 교과서에 다시 등장했다. 역사가 정치에 의해 조작되고 있는 게 오늘의 현실이다.

광개토대왕릉비의 내용

서기 414년 광개토대왕의 아들 장수왕이 세운 광개토대왕릉비는 높이 6.4미터에 무게는 37톤에 이르며 사면에 1775자가 기록되어 있는 동아시아 최대 규모의 돌비석이다. 비는 압록강 북쪽, 지금의 중국 지안 지역에 있는데 중국 정부가 비 전체를 전곽 유리로 씌워 제대로 된 연구가 어려운 상황이다.

먼저 제1면의 내용을 살펴보자. 주몽의 건국 설화와 광개토대왕의 생애가 기록되어 있다.

"시조 추모왕이 나라를 세웠는데 그는 천제의 아들로 하백의 따님을 어머니로 하여 알에서 태어났다. 17세손에 이르러 광개토왕이 18세로 왕위에 올라 연호를 영락이라 했다. 불행히도 39세에 세상을 떠나니 비를 세워 훈적을 후세에 알리려 한다."

독자적인 연호인 '영락'을 사용했음을 알 수 있다.

제2면에는 광개토대왕 정복 활동에 대한 내용이 나오는데, 백제를 정벌하고 신라에 침범한 왜를 물리쳤다는 사실을 확인할 수 있다.

"영락 10년에 보병과 기병 5만 명을 보내 신라를 구원했다. 신라성에 이르니 왜가 있었는데 급히 추격해 궤멸시켰다."

비에는 총 여덟 차례의 전투 기록이 나오는데, 당시 국제 정세는 혼란 그 자체였다. 중국은 5호 16국 시대였고 백제의 힘도 강성했으며 신라와 가야도 결코 만만치 않은 상대였다.

제3면에는 정복 활동에 대한 기록이 이어지며, 묘를 관리하는 수묘인에 관한 내용이 등장하는 게 특이할 만하다. 제4면까지 자세히 이어지는 수묘제에 대해 간략히 알아보자. 『삼국사기』에는 다음과 같은 기록이 있다.

"(모용) 황이 15대 미천왕의 묘를 파헤쳐 시신과 보물을 가져갔다."

서기 342년 전연이 고구려를 침범해 벌인 약탈 행위로, 광개토대왕이 죽기 불과 70년 전에 일어난 일이다. 왕릉의 도굴에 대해 민감할 수밖에 없었다. 왕릉을 지키는 능지기들인 수묘인에 대한 내용이 비의 3면과 4면에 상세히 나오는 이유다.

수묘인을 어느 지역에서 몇 명을 선발할지 등에 대한 기록이 상세히 있으며, 총 가구수는 330가구로 정했다. 고구려인 110가구와 요동, 백제 등 각국에서 포로로 데려온 자들로 구성된 220가구가 수묘인 수의 과반을 차지한다.

역사를 도둑맞지 않으려면

— ✤ —

중국은 광개토대왕릉비 대신 의도적으로 호태왕비라고 부른다. 광개토대왕릉비에 아래와 같은 글씨가 적혀 있기 때문이기도 하지만, 다른 속셈도 있다.

> 국강상광개토경평안호태왕
> 국강상(고구려 수도 인근에 묻힌)
> 광개토경(국토를 넓게 개척한)
> 평안호태왕(나라를 평안하게 한 왕)

중국에선 '진호태왕비'라는 제목을 달고 탁본집이 출간되기도 한다. 광개토대왕이 고구려의 왕이 아니라 중국 동진 시대 진나라의 왕이라는 의미다. 2017년도에는 중국 정부가 나서 유적의 안내판에 '중화민족 비석 예술의 진품'이라고 적기도 했다. 일본이 잠잠하니 중국이 난리다.

중국문화대학교 대학원 박사과정을 수료했으며, 국제서예협회 부회장을 역임한 김병기 교수가 최근 비문의 조작에 관해 새로운 주장을 들고 나왔다.

그는 광개토대왕릉비의 글씨체를 연구할 필요가 있다고 주장한다. 서예 전문가인 자신의 연구에 따르면 비문의 일부 글자

가 다른 필체로 쓰였다는 것이다. 조작된 글자로 의심되는 부분
에 대한 그의 해석을 살펴보자.

百殘新羅舊是屬民由來朝貢而倭以辛卯年來渡海破百殘□□新
羅以爲臣民

일본은 "신라는 예로부터 (고구려의) 속민이어서 줄곧 조공해
왔다. 그런데 왜(일본)가 신묘년에 바다를 건너와 백제와 00과
신라를 깨부숴 (일본의) 신민으로 삼았다."라고 해석한다.

이에 김 교수는 '渡海破(도해파)'를 일본이 조작했다고 주장한
다. 김 교수가 원래 있었던 글씨라고 주장하는 '入貢于(입공우)'
를 넣어 해석해보면 "백제와 신라는 예로부터 (고구려의) 속민이
었다. 그래서 줄곧 조공을 바쳤다. 그런데 일본이 신묘년 이래로
백제와 00과 신라에 조공하기 시작했으므로 (고구려는 일본을) 신
민으로 삼았다."가 된다.

완전히 반대의 해석이 나온다. 상식적으로 생각해보자. 이 문
장이 어디서 나왔나? 광개토대왕의 업적을 치하하는 비가 그 출
처다. 두 문장 중 어느 쪽이 문맥상 적합한가? 김 교수의 자세하
고 흥미진진한 주장은 그의 책 『사라진 비문을 찾아서』에서 확
인하기 바란다.

광개토대왕릉비의 제막식이 열리기 전날 밤, 장수왕은 자신

이 세운 아버지의 비석을 보러 가지 않았을까?

"폐하, 날이 차옵니다. 동이 트면 다시 행차하시옵소서."

"아바마마의 고난과 이 단단한 돌에 글을 새긴 이들의 노고에 비하면 이깟 추위가 무슨 대수겠느냐!"

"……."

"아바마마! 그간 참으로 고생하셨습니다. 아바마마가 우리 고구려인들과 풍찬노숙하시며 흘린 피와 땀을 한 자 한 자 단단히 새겨 놓았으니, 우리 후손들이 대대손손 기억할 것입니다."

시대는 변했지만, 먹고살기는 여전히 바쁘다. 그래서일까? 역사를 잊는 민족이 되기 전에 역사를 도둑맞는 민족이 될 지경에 이르렀다. 뭣이 중한지 다시 한번 생각해볼 때다.

‖ 2장 ‖

조선사를
관통하는
무덤 이야기

파평 윤씨와 청송 심씨의
400년 산송

투장은 남의 묫자리에 자신의 조상 무덤을 쓰는 것이고, 산송은 무덤과 관련된 송사를 일컫는 말이다. 오늘을 사는 우리에겐 익숙하지 않은 단어지만, 조선 중후기 때 산송은 심각한 사회 문제로 대두되었다. 이는 효를 강조하는 성리학과 연관이 깊다.

산송은 성리학이 조선의 통치 이념으로 확고히 자리 잡은 16세기 후반부터 시작해 18세기 절정에 달했으며, 양반들 사이에서 문중과 선산이라는 개념도 자리 잡았다.

여기에 한때 시대정신이었던 풍수지리까지 합쳐지며, 묫자리는 조상에 대한 효의 차원을 넘어 당대의 부귀영화에도 지대한 영향을 미친다고 생각하게 되었다.

신분 상승을 꿈꾸는 각계각층에서 믿기 어려운 일이 발생했다. "노비로 사는 건 지긋지긋하다. 내 자식새끼는 양반으로 살게 해야겠다." 하고 말이다.

노비들이 양반집 무덤을 파헤쳐 조상을 묻기도 했고, 권력을 가진 관리들은 탐해선 안 될 왕권까지 넘보며 왕실의 무덤을 침범했다. 산 자가 죽은 자에 의지해 신분 상승을 꿈꾸고, 죽은 조상의 묘를 지키고자 산 자가 밤잠을 설치며 현재를 살지 못하게 된 것이다.

산송이 얼마나 심각한 문제였는지 역사 기록으로 확인해보자. 정약용은 『목민심서』에서 개탄했다.

"묘지를 둘러싸고 벌어지는 송사가 이제 폐 속의 경지에 이르렀도다. 살인 사건의 절반이 산송에서 비롯된다."

영조는 "요사이 상언한 골 보건대 산송이 10의 8, 9에 달한다."라며 한탄했다. 묏자리를 놓고 투장, 파묘가 끊이질 않으니 송사로 이어지고, 관리는 물론이고 왕조차 시원한 해결책을 내놓지 못하자 살인 사건으로 이어지기까지 했다.

영화 〈명당〉을 보면 흥선대원군이 아버지 묘를 이장하고자 살림까지 파는 장면이 나온다. 그렇게 마련한 거금을 들고 그가 찾아간 곳은 절이었다.

"주지스님! 여기 이 돈이면 되겠지요?"

그는 이 절이 길지라는 풍수지리를 믿었고 전 재산을 걸었다. 스님에게 돈을 건넨 그는 절에 불을 지른다. 그리고 전소된 절터에 아버지 묘를 이장했다.

이뿐만이 아니다. 조선 시대부터 21세기까지 무려 400여 년간 묫자리를 두고 분쟁을 이어간 두 가문도 있다. 윤씨와 심씨 두 집안의 기묘한 이야기를 듣고 각자 판결을 내려보기 바란다.

윤관 장군의 묘는 도대체 어디에 있느냐

사건의 발단은 고려 시대의 재상이자 명 장군이었던 윤관 장군의 묘가 사라지면서 시작된다. 윤관 장군은 여진 정벌을 위해 별무반을 창설하고 동북 9성을 개척한 역사적 인물이다. 조선 영조 대에 이르러, 윤씨 집안에선 조상 윤관 장군의 잃어버린 묘를 찾고자 혈안이었다.

"우리 문중을 대표하는 윤관 장군(1111년 사망)의 묘가 어디 있는지도 모른다는 건 가문의 수치다. 반드시 장군의 묘를 찾아 가문의 명예를 드높여야 할 것이다."

여기서 의문이 들 수밖에 없다. 비록 윤관 장군 사후 600년이 지났고 그간 왕조까지 바뀌었다지만, 윤관 장군 정도의 묘를 후손들이 모르고 있었다는 게 선뜻 이해가 가지 않는다.

'장가든다' '장가간다'라는 말이 우리의 생활에 여전히 남아 있듯 조선 시대 이전에는 처가살이를 하는 경우가 많았다. 고향을 떠나 처가에서 결혼 생활을 하고 수백 년의 시간이 지나다 보니 조상의 묘를 관리하기가 힘들었다. 그러는 동안 윤관 장군 묘의 위치를 아는 후손이 사라져버린 것이다.

그렇다면 윤씨 집안은 600년이 지난 후에 조상의 묘를 어떻게 찾겠다는 것이었을까? 그들은 역사 사료를 뒤적이다 한 줄기 희망을 엿본다. 『동국여지승람』에 그 힌트가 있었다.

"윤관 장군의 묘는 경기도 파주 분수원 북쪽에 있다."

가문의 명을 받은 윤동규란 이가 650년 전 사망한 조상의 묘를 찾고자 파주로 떠났다. 그가 의지할 것은 『동국여지승람』에 나온 단 한 줄이었다. 몇 년의 세월 동안 갖은 고생을 한 끝에 윤관 장군의 묘로 추정되는 장소를 마침내 발견한다.

"어허! 심증은 있는데 물증이 없구나. 그나저나 이거 참으로 난감하구나."

그 자리에는 조선 시대 영의정을 지낸 심지원의 부친 묘가 이미 자리를 잡고 있었던 것이다. 윤동규는 물증을 찾고자 은밀히 심씨 집안의 묫자리 주변을 관찰하기 시작했다.

"참으로 기이한 일이구나. 심씨 문중 묘역에 어째서 이씨의 묘가 있단 말인가?"

'선략장군 이호문 묘'라는 비석을 발견한 그는 마을로 내려가 수소문 끝에 이호문의 손자인 이형진이라는 노인을 어렵게 찾아낸다.

"이보시오. 암장이나 투장, 파묘는 나라에서도 엄히 다스리는 일이오."

윤동규의 끈질긴 추궁에 노인은 심씨 집안에서 암장을 감추고자 세운 허묘라고 실토한다.

"옳거니! 역시 그랬구나."

자신의 추론에 확신을 얻은 윤동규는 주변의 땅을 판 끝에 깨진 윤관 장군묘의 비석을 발견한다.

"드디어 찾았구나! 이제 조상님 볼 낯이 생겼다. 어서 서두르자. 문중 어른들께 이 기쁜 소식을 전하자."

억울한 두 가문, 파평 윤씨와 청송 심씨

―❀―

윤씨 가문은 부사직으로 재직 중이던 윤면교를 내세워 위의 내용이 포함된 상소를 영조에게 올린다. 당대의 명문가인 심씨 집안에서도 윤씨 집안의 산송에 당연히 맞대응했다.

심지원은 1614년에 이 자리에 부친의 묘를 조성했다. 그리고 1658년 영의정에 오르자 효종이 이 땅을 하사했고, 심씨 집

윤관 장군 영정

안에서 문중 묘역을 조성했던 것이다.

"이곳은 이미 100년 넘게 우리 집안의 선산이었는데, 650년
이 지나 자신들의 조상 무덤이라고 주장하는 건 이치에 맞지 않
습니다."

두 가문의 상소가 이어지자 영조는 두 집안의 대표를 불러
원만한 해결을 시도했다. 그러나 두 사람은 임금 앞에서도 절대
자신들의 주장을 꺾지 않았다.

"주상 전하! 저희 집안의 억울함을 다시…."

"전하! 저자의 말은 앞뒤의 이치가 전혀 맞지 않는….'

"어허! 이런 답답한 자들을 봤나? 그럼 도대체 어쩌자는 말인가? 내 요즘 산송 문제로 골치가 여간 아픈 게 아니다. 두 집안이 합의에 도달하지 못했으니 짐의 왕명을 따르도록 하라. 윤관 장군의 묘도 심씨 집안의 묘도 그대로 유지하고, 이호문의 묘만 파묘하도록 하라."

어느 한쪽의 손을 들어주기에는 몹시 애매한 상황임이 분명하다. 그러나 왕비를 많이 배출한 윤씨 집안은 내심 영조가 자신들의 편을 들어주길 기대했다.

"전하, 아뢰옵기 황공하오나 전하께서도 윤씨 집안의 핏줄이…."

"무엇이라!"

대로한 영조는 윤희복에게 곤장형을 내렸고, 윤희복이 형 집행 도중 그만 사망하는 불상사가 일어나고 말았다.

"아이고! 이렇게 원통할 수가! 네 심씨 집안 것들을 가만두고 분해서 살 수가 없다."

두 집안의 원한과 감정의 골은 깊어져만 갔으며, 산송 문제는 왕조의 몰락 후에도 해결될 기미를 보이지 않았다. 일제 강점기에도 두 집안은 자신들의 주장을 내세우며 진정서를 냈고, 감정이 격해질 때는 상대 집안 묘비를 부수기도 했으며, 해방 후에는 파묘를 시도하다 옥살이를 하는 일까지 발생했다.

윤관 장군의 묘 바로 위쪽으로 불과 3미터 떨어진 곳에 심씨 집안의 묘가 위치해 있다. 그러다 보니 윤씨 집안에서 절을 하다 보면, 심씨 조상에게도 절을 하는 상황이 벌어졌다. 이에 윤씨 집안에서 윤관 장군의 묘역을 조성한다는 명목으로 10단에 이르는 담장을 올렸다. 그러자 심씨 집안 조상의 묘가 완전히 가려졌다.

도대체 산송 분쟁을 누가 해결해줘야 할까? 두 집안에겐 너무나도 어려운 난제였다. 그러던 2006년 4월, 두 집안이 마침내 극적인 합의에 이르렀다. 심씨 집안이 자신들의 조상 묘 열아홉 기를 이장하기로 한 것이다. 윤씨 집안에선 심씨 집안 조상들의 새로운 묏자리를 위해 부지를 마련해주기로 했다. 400년 넘게 이어진 산송이 드디어 마무리되었고, 이 일은 2007년 〈로이터 통신〉에 보도되며 다시금 세간의 화제가 되었다.

살인으로까지 이어진
묘지 다툼의 전말

18세기 초 영남 지방에서 일어난 한 묘지 소송은 투장에서 시작해 파묘와 방화, 의문사, 살인으로 이어진다. 여기서 더욱 놀라운 점은 당시 사회적으로 억압받던 여성들이 사건의 전면에 나섰다는 것이다.

사건이 조선 사회 전반에 미친 파장이 워낙 커 훗날 한글 소설을 비롯한 문학작품으로 재탄생되기도 했다.

사건의 전말을 파헤쳐 보자.

산송은 쉽게 해결되지 않는다

—✤—

경상도의 한 고을에 박수하라는 양반이 살고 있었다. 당시 대부분의 영남 선비들은 당쟁에 휘말려 중앙 정계에 진출하지 못하는 상황이었고 박수하 역시 마찬가지 처지였다. 그의 슬하에는 두 딸이 있었는데, 자매의 이름은 언니 문랑과 동생 효랑이었다.

사건은 대구 지방에서 현감 노릇을 하고 있던 박경여가 자신의 조부 묘소를 이장하는 과정에서 시작되었다.

"명당 자리는 아직도 찾지 못했느냐? 내 출세가 더딘 건 할아버지 묫자리 탓이라고 하지 않았느냐!"

"나리! 분부하신 대로 제가 기가 막힌 명당을 찾았사옵니다. 하나 두 가지 문제가 있습니다. 우선 여기서 좀 멀고, 더 심각한 일은 이미 묘를 누가 쓰고 있다는 것이옵니다."

지관이 찾아낸 명당은 선비 박수하 집안의 선산이었다. 현직 관리로 있던 현감 박경여는 고심 끝에 박수하 집안의 묫자리에 자신의 조부 묘를 투장하기로 결심한다.

"은밀히 진행하되, 혹여나 들키더라도 나는 현직이고 그자는 벼슬도 없는 선비일 뿐이니 어찌어찌 밀어붙이면 될 것이다. 낄낄낄."

얼마 후 박수하의 하인들이 문중의 묘를 관리하다 낯선 묘를 발견하고 박수하에게 알린다. 박수하는 60년 넘게 점유하고 있던 선산에 누군가 투장을 했다며 관아에 즉시 고발한다.

"이런 무식한데 괘씸하기까지 한 작자를 봤나! 관아에 알렸으니 금세 해결될 것이다."

그러나 박수하의 기대와 다르게 송사는 쉽게 해결되지 않았고, 급기야 그는 왕에게 상소를 올리기에 이른다. 왕은 절차에 따라 경상 감사에게 사건을 소상히 조사하게 하고, 경상 감사는 조사관을 파견한다.

하지만 1년이 넘도록 사건이 해결될 기미를 보이지 않는다. 산송이 쉽게 해결되지 않는 여러 이유 중 하나는 명확한 법적 근거가 없기 때문이다. "사방 몇 미터 안에는 묘를 짓지 못한다."라고 명시된 게 아니라 좌청룡 우백호 내에는 묘를 쓸 수 없다고 되어 있는데, 좌청룡 우백호는 주관적 해석이 가능했기 때문에 양측의 주장이 맞서는 경우가 잦았다.

투장부터 파묘까지, 묘지 전쟁

세월만 무심하게 흐르는 동안 투장을 한 박경여는 점점 대담해졌다. 그는 분명 믿는 구석이 있었을 것이다. 산송이 해결되지 않고 지지부진해지자 투장한 할아버지 묘를 단장하고 묘비까지 세우게 한다. 이에 분개한 박수하는 박경여 집안의 노비를 잡아다 매질을 한다.

"네 이놈, 감히 여기가 어디라고!"

"나리, 소인은 그저 저희 현감 나리께서 시키는 대로 했을 뿐입니다요."

박수하 입장에선 애꿎은 박경여의 노비에게 화풀이를 한 것이다. 그리고 곧이어 사건이 폭풍의 중심으로 들어간다. 현감 박경여가 자신의 노비를 매질한 박수하를 관아에 고발한 것이다.

"현감 나리 보시오. 묘지 송사가 언제 끝날지 몰라 내 후손된 도리로 조부의 산소에 비 하나 세웠는데, 저자가 글쎄 우리 종을 자기 맘대로 끌고 가 볼기를 때리니 내 억울해서 살 수가 없소이다. 같은 현감끼리 잘 봐달라는 말은 안 하겠으나 철저히 조사해주길 바라오."

관아에선 송사가 접수되었으니 박수하를 소환하고 조사를 시작한다. 법이 만인에게 공평하다고 착각했던 그는 너무나도 억울해 특권층의 비위를 거스르는 말까지 하고 만다.

"현감 나리! 지금의 이 송사가 공정하게 다뤄지고 있소이까? 이 정도라면 우리의 선산에 투장을 한 것도 모자라 나를 고발한 박경여는 경상 감사와 친인척 관계가 아닙니까!"

관할 지역의 성주 목사는 경상 감사에게 박수하의 발언을 슬쩍 흘린다.

"나리, 아주 골치 아프게 됐습니다. 박수하 이자가 쉽게 물러

날 것 같지 않습니다. 심지어 감사 나리까지 들먹이고 난리입니다. 아무래도 제 선에서 해결하기가 쉽지 않을 것 같사옵니다.”

“이런 건방진 자를 봤나!”

경상 감사는 성주로 직접 내려와 박수하를 취조했고 그 과정에서 그만 박수하가 사망에 이르고 만다.

“무엇이라? 박수하가 죽었다고?”

“네! 유생이라 그런지 몸이 허약한가 봅니다. 그저 탁 하고 쳤을 뿐이온데 맥없이….”

박수하 집안에선 당연히 난리가 났다. 그러나 문중의 남자들은 상대가 권력자임을 알았기에 선뜻 행동으로 나서는 이가 없었다. 이에 장녀 박문랑이 들고 일어난 것이다.

“이 모든 게 묘지 송사에서 비롯된 것입니다. 박경여가 우리 가문의 선산에 투장만 하지 않았더라도, 이런 일은 일어나지 않았을 것입니다. 제가 그자의 목을 베어 아버지의 원수를 갚겠습니다.”

그러나 어머니를 비롯한 모두가 문랑을 말리고 나섰다.

“애야, 안 될 말이다. 아녀자의 몸으로 그 먼 길을 혼자 가서 어찌 그자를 죽인단 말이냐.”

“그럼 그냥 앉아서 참고 있으란 말입니까? 알겠습니다, 그럼 제가 그자를 찾으러 가지 않고 박경여가 제 발로 저를 찾아오게 만들겠습니다.”

다음 날 밤, 박문랑은 하녀 몇 명을 데리고 박경여의 조부 무덤을 찾는다. 그리고 손과 괭이를 동원해 파묘를 시작했다. 문랑은 거기서 그치지 않고 박경여 조부의 시신을 관에서 꺼내 불을 질러버린다.

"이 집안 족속들 모두를 갈기갈기 찢어 죽여도 내 분이 풀리지 않을 것이다."

이 소식은 당연히 박경여의 귀에 들어갔고, 곧 그가 보낸 무장한 노비들이 파묘된 묘 앞에 당도했다.

"아이고! 이, 이를 어쩌면 좋냐. 아주 난리가 났네. 이 계집은 탄 시신을 도대체 어디에 둔 것이냐?"

그 순간 박문랑이 손에는 칼을 들고 말을 탄 채 무장한 남자들의 무리 속으로 뛰어들었다. 문랑도 알았을 것이다, 이 묘지 전쟁을 끝내는 방법은 자신의 죽음뿐이라는 것을.

박문랑의 죽음, 박효랑의 묘책

—— ❖ ——

박문랑의 죽음을 조사하던 관아는 놀라운 결과를 발표한다. 문랑이 자신이 저지른 죄에 죄책감을 느끼고 자결했다는 것이었다. 산송 문제는 해결되지 않고 언니의 죽음을 자결이라고 결론내리자 이번에는 동생 박효랑이 나선다.

"제가 아버님과 언니의 원수를 갚겠사옵니다."

"안 된다, 얘야. 너까지 죽게 둘 순 없다. 상대는 현직 현감과 감사다."

"그렇다고 이렇게 살아야 합니까? 죽는 것보다 못합니다. 제게 묘책이 있습니다."

박효랑이 선택한 방법은 보복 살인도, 관아와 경상 감영을 상대로 송사를 하는 것도 아니었다. 그녀는 임금을 만나기 위해 한양으로 길을 떠났다. 남장을 한 효랑은 먼 길을 걸어 마침내 한양에 당도했고, 저잣거리에서 왕의 행차를 기다렸다. 숙종이 나타나자 갓을 벗고 머리를 풀어헤친 채 억울함을 호소했다.

"주상 전하, 세 가지 청이 있나이다. 제 아비와 언니를 죽인 박경여를 법에 따라 처벌하시고, 편파적으로 한쪽의 주장만 들은 관리들을 처벌해 주시옵소서."

"무슨 일이냐? 아녀자가 머리까지 풀어헤치고? 소상히 말해 보거라."

박효랑의 묘책은 성공했다. 송사를 다시 살피라는 왕명이 내려졌으니 공정하고 엄중한 수사가 이뤄질 것이다. 그러나 마음 한구석 찜찜한 구석이 있었던 효랑은 고향으로 가지 않고 한양에서 머물며, 궁으로 출근하는 관리들에게 자신의 억울함을 호소했다. 효랑의 용기 있는 행동은 장안의 화제가 되며 왕조차도 갖고 싶어 하는 민심을 얻기에 이른다.

박문랑·박효랑 자매의 효를 기리는 이효각

"아휴, 저 어린 게 얼마나 당찬지 몰라. 임금님 앞에서 말도
잘하고."

"얼마나 원통했으면 그랬겠어! 제발 효랑이의 원통함을 누가
좀 풀어줬으면 좋겠어."

박효랑의 이야기는 백성의 입을 타고 퍼졌으며, 노래까지 만
들어졌다. 민심이 요동치자 힘을 얻은 각처의 유림들이 움직이
기 시작했다.

숙종 38년, 안동 지역의 유림 379명이 임금에게 상소를 올렸

다. 효녀 박효랑의 등장은 허구한 날 당하기만 하는 백성과 정계 진출의 길이 막힌 유생들의 한을 풀어주는 기폭제였던 것이다.

왕의 엄명으로 재조사가 이뤄졌고, 결과는 절반의 승리였다. 산송에선 비록 현직 현감 박경여의 손을 들어줬지만, 결국 그의 관직을 박탈하고 곤장형까지 내렸다.

박문랑, 박효랑 자매는 이례적으로 집안의 족보에도 이름이 올랐고, 훗날 영조의 명으로 효녀 각이 세워졌다.

세종대왕 무덤의
대를 이은 저주

조선 왕실은 마흔두 기의 능과 열네 기의 원, 예순네 기의 묘를 남겼다. 이중 북한에 위치한 두 개의 능을 제외한 마흔 기의 왕릉이 유네스코 세계문화유산으로 지정되었다. 능은 왕과 왕후의 무덤, 원은 왕의 사친(생모와 생부) 세자와 빈의 무덤이며, 묘는 왕족과 후궁이나 폐위된 왕과 왕후의 무덤을 말한다.

조선의 왕릉은 묵언하는 죽은 자의 것이 아닌 당대를 살아가는 인간의 말과 뜻을 품고 있는 거대한 이야기 봉분이다. 이 이야기는 40기의 왕릉 중 하나에 불과하지만, 조선 시대뿐만 아니라 우리 역사에서 가장 중요한 인물로 꼽히는 세종대왕의 능에서 시작된다.

세종이 원하던 곳에 묻힌 결과

—❈—

조선은 왕이 죽기 전 미리 능 자리를 결정했다. 지관과 신하들이 열 곳 정도를 추려 올리면, 왕이 그중에서 한 곳을 정했다. 세종은 아버지 태종과 원경왕후가 함께 묻혀 있는 헌릉(서울 내곡동) 인근을 마음에 두고 있었다.

"수양대군, 안평대군, 예조판서 김종서, 도승지 등에게 명하니 헌릉을 두루 살피고 오라."

조정의 요직에 있는 신하와 당대 최고의 지관 최양선, 세종의 아들들이 함께 헌릉에 도착했다.

"어떠한가? 할바마마가 계신 곳의 인근이니 틀림없는 명당이렷다?"

수양의 물음에 지관은 당황했지만, 대답은 명확했다.

"대군마마! 혈자리가… 곤방 물이 새 입처럼 갈라졌습니다."

"무슨 말이냐? 알아듣게 말하라."

"절자손장자! 이곳에 묘를 쓰면 장자를 잃어 손이 끊어질 것입니다."

"네 이놈! 그 요망한 입을 닫지 못할까! 내 일전에도 네 놈이 올린 상소를 들어 알고 있다. 이번에는 네 놈의 목이 남아있지 않을 것이다!"

지관 최양선은 경복궁이 명당이 아니라는 주장을 펼치며 조정을 발칵 뒤집어 놓았던 인물이다.

"대군마마. 전하께서 땅을 살피라 하셔서 그리했고, 본 것을 사실대로 아뢰올 뿐입니다."

"네 말에 책임을 질 수 있겠느냐? 네 놈 말대로라면 이곳에 능을 쓰면 세자께서 돌아가신다는 말이 아니냐?"

"대군!"

김종서의 제지에 수양이 겨우 말을 그쳤으나, 능 주변의 모든 시선은 여전히 그를 향하고 있었다. 지관 최양선을 엄벌에 처하고 다른 명당을 찾아야 한다는 신하들의 청이 이어졌으나, 세종의 뜻은 분명했다.

"지관은 지관의 일을 한 것이다. 결정은 과인의 몫이다. 아무리 복된 자리를 구한다 해도 선영 곁만 하겠느냐? 더 이상 이 문제로 시끄럽게 하지 말라. 살아서 할 일이 많다."

세종은 결국 자신이 원하던 곳에 묻혔다. 하지만 세종의 뜻을 따른 적장자 문종은 재위 2년 만에 사망했고, 문종의 유일한 혈육인 어린 단종은 죽음을 앞두게 되었다. 지관의 말대로 그 무덤은 조선 왕실 최악의 흉지가 된 것이다. 그러나 왕위 계승자가 아니었던 수양에겐 최고의 명당이었다.

세종이 둘째 아들의 군호를 고친 연유

—— ❈ ——

세조는 보위에 오르고도 쉬이 잠들지 못했다. 하루도 거르지 않고 술을 마시지만 취하는 건 공신들뿐이었다. 그자들은 누구의 공신인가? 백성의 공신이 아님은 분명하다. 하지만 왕을 위한 공신이라고 하기에는 그들의 야망은 드높고, 때때로 저의를 노골적으로 드러냈다. 동업자라 할 수 있을 것이다.

권력이라는 허상을 찬탈하고자 나라의 근간을 뒤흔든 역모의 창업자이자 살아 있는 왕을 함께 죽여야 하는 살인의 동조자들이다. 어쩌면 그들도 쉬이 잠들지 못할 것이다. 계유정난의 무고한 죽음은 미리 설계되었고 반드시 치러야 할 대가였으나, 대의 없는 살생이라는 사실에는 변함이 없었다.

그러나 넘어야 할 파도는 생각보다 거칠었다. 하루 한 끼도 제대로 먹지 못하는 민심의 힘은 어디서 나는지 쉽게 소실되지 않았고, 선비들의 반발은 노도와 같이 거셌다. 곤룡포에 묻은 피 냄새는 사라지지 않았고, 피 냄새를 맡은 또 다른 괴인이 밀려와 권좌를 덮칠 것이었다. 괴인이 어린 조카나 동생이 될 수도 있다는 생각에 왕은 몸서리가 쳐졌다. 그러나 왕의 마음을 더 건드리는 건 두려움보다 선왕의 당부였다.

"수양이란 군호가 어떠하냐?"

세종은 장성한 둘째 아들의 군호를 수양으로 고치기로 결정했다.

"어찌하여…?"

"총명한 네가 뜻을 모르지 않을 것인데?"

"……."

"수양대군은 들어라! 나의 선왕께선 처남과 형제를 죽이며 조선의 안정을 꾀하셨다. 그런 연유로 내 이리 편하게 정사를 돌볼 수 있는 것이다. 그러나 과인은 결단코 그런 일이 반복되는 걸 원하지 않는다. 아니, 조선과 백성을 위해서도 절대 아니 될 일이다. 그러니 네 군호를 깊게 새기고 살아야 한다. 아들을 위한 아비의 청이 아니라 왕이 내린 지엄한 어명이다."

"……."

백이, 숙제가 절개를 지키다 죽은 곳이 수양산이다. 세종은 자신을 닮은 세자와 자신의 아버지를 닮은 수양대군 모두를 걱정해야 하는 아버지이자 한 나라의 통치자였다.

세종은 영민한 군주였기에, 사후의 일은 산 자의 의지로 닿지 않는다는 걸 잘 알고 있었다. 그럼에도 걱정을 가슴에 묻어둘 수 없는 인간이기도 했다.

세종의 걱정은 기우로 그치지 않았고, 계유정난은 창건 50년이 채 안 된 조선에 씻을 수 없는 상흔을 새겼다.

왕위 찬탈자를 둘러싸고

—✥—

왕을 잠들지 못하게 하는 건 상념뿐만이 아니었다. 며칠 전부터 침전의 한 구석을 차지한 자가 있다. 그자는 왕의 목숨을 노린 살아 있는 자객이 아니라 이미 죽은 현덕왕후였다.

"귀신이 어찌 산 자, 그것도 감히 왕의 침소를 찾았느냐?"

왕의 목소리에 옅은 떨림이 있었지만, 두려움은 방안에 울리지 않았다. 공간을 차지한 사람은 사가에서 어린 시절을 보냈고, 온몸이 피 칠갑이 된 채 짐승을 사냥하며 청년 시절을 보냈다. 장년이 되어선 천륜과 인륜을 배반하고 보위에 올랐다.

그런 사람을 마주한 귀신은 말이 없었으나 노려보는 눈에는 살기가 가득했다. 사람은 말 없는 귀신을 곁에 두고 자리에 누웠고, 귀신은 천장에 자리를 잡았다. 두 존재가 이러지도 저러지도 못하며 밤은 깊어갔다.

왕이 선잠에 들자 귀신이 입을 열었다.

"내 아들을 죽이면, 네 자식들도 성치 못할 것이다. 내가 구천을 떠도는 유일한 이유다."

왕은 잠에서 깨면 어린 상왕을 죽여야 한다는 공신들의 말에 쫓겼고, 잠이 들면 아들을 죽이지 말라는 귀신의 겁박에 시달렸다. 전장에서 일생을 보낸 무사도 견디기 힘든 일이었으나, 왕위 찬탈자에게도 왕가의 피는 흐르고 있었다.

'낸들 죽여야 한다는 걸 모르겠느냐? 때가 이르다. 때가 되면 사람이 말리든 귀신이 붙잡든 내 손으로 그리할 것이다. 할바마마가 아바마마에게 물려준 조선을 내 아들에게 이 두 손으로 물려줄 것이니, 제발 좀 닥치고들 있어라.'

침전 밖에선 집현전 학자들인 성삼문, 박팽년, 이개, 하위지, 유승원과 무신 유응부 등이 왕의 목숨을 노리고 있었다. 세종의 남다른 총애를 받은 그들은 왕위 찬탈자와 함께 살아 숨 쉬는 게 고역이었다.

성삼문은 단종에게 옥쇄를 건네받아 수양에게 전달하며 고개를 들지 않은 채 오랫동안 울었다. 왕은 그런 신하를 그저 바라봐야만 했다. 신하가 새 왕에게 옥쇄를 건네지 않고 서럽게 울고 있었기 때문이다.

학자와 무사에게 조금 이른 기회가 찾아왔다. 명나라 사신이 떠나는 날, 성삼문의 아버지 성승과 유응부가 별운검으로 서게 된 것이다. 왕의 양쪽에서 왕의 목을 노리는 두 무사가 구름이 승천하는 무늬가 새겨진 칼을 차게 된 것이다. 이보다 더 마침맞은 복수는 없을 것이다.

"똑같은 방법으로 되갚아줄 것이다. 그자의 목뿐만 아니라 그 밤의 주모자들은 한 놈도 남기지 않고 베어버리고, 왕을 다시 모실 것이다."

그러나 매사에 순조롭지 않은 게 사람의 일이다. 왕이 별안

간 별운검을 철회시켰다. 선비와 무사, 마음이 다급한 자와 신중한 자의 의견이 갈렸다.

"칼을 뽑은 이상 피를 봐야 하오."

"신중에 신중을 기해도 모자란 일이오. 다음 기회가 분명히 있을 것이오."

가지가 바람에 흔들리면 떨어지는 잎이 생기기 마련이다. 김질은 늦은 밤 장인을 찾아갔다. 그는 다음 기회가 찾아와도 결코 거사가 성공할 수 없다고 여긴 냉철한 분석가일까? 아니면 그저 자신이 감당하지 못할 일에 발을 담근 연약한 잎사귀였을까?

"역모를 꾀하는 자들이 있습니다."

그의 한마디는 그릇됨을 바로 잡을 수 있는 기회를 낙태시키고, 역사에 사육신과 생육신을 출생시켰다. 왕은 국문장에 직접 나와 각각의 얼굴을 보며 물었다. 성삼문은 자신의 살가죽이 타는 냄새에 혼미해진 정신을 일깨워 답했다.

"나리, 나리가 준 녹봉은 일일이 기록해 우리 집 곳간에 그대로 있소이다. 내 죽거든 부디 굶주린 백성에게 나눠주시오."

"나는 나리가 아니다. 네가 보필해야 할 왕이다."

왕은 박팽년의 재주를 아꼈다. 고문으로 넋이 나간 그에게 함께하자고 물었다. 박팽년은 그저 고개를 저으며 왕을 바라봤다. 형 집행을 앞두고 다시 물었다. 어째서 이렇게까지 하느냐고, 그가 이번에는 무심히 대답했다.

"마음이, 그저 마음이 편치 않았소이다."

박팽년이 형장으로 끌려가는 수레에 여식이 울며 매달렸다.

"괜찮다, 아비는 괜찮아. 다만 네가 걸리는구나. 사내아이들만 죽일 것이다. 너는 고될 것이나 세상을 버리지 말거라."

무관 유응부는 왕을 향해 대차게 소리를 질렀다.

"나리! 쇠가 식었소이다. 더 뜨겁게 달궈서 오시오."

왕은 차갑게 식은 자신의 공신들과 손이 델 듯 뜨거운 조카의 신하들을 번갈아 봤다. 인두와 칼로 그들의 몸은 뚫었지만, 정신의 터럭도 건드리지 못했다는 걸 깨달았다. 그러나 살다 보면 소용없다는 걸 알면서도 해야 할 일이 있다. 왕은 자신이 아니라 아들과 조정을 위한 일이라고 스스로를 납득시켰다.

사육신이 죽은 후 김시습의 여정

사육신은 사지가 찢어지는 거열형을 당하고, 해체된 육신은 저잣거리에 던져졌다. 남겨진 가족은 왕명에 의해 멸문지화를 당했다. 돌을 지난 사내아이의 입에 소금을 채워 넣어 죽였고, 부녀자들은 관아의 노비와 공신들의 첩으로 보내졌다. 전란이 일어나지 않은 한양의 골목에 피비린내가 진동했다. 누구도 시체를 수습할 엄두를 내지 못했다. 먹구름보다 검은 침묵, 지엄한 왕명보다 무거운 분노가 골목마다 내려앉았다.

사흘째 되는 날, 거지꼴을 한 사내 하나가 여기저기 뒹굴던 신하들의 사지를 바랑에 담기 시작했다. 왕에 의해 죽었지만 역사에 의해 부활하는 사육신의 시신을 거둔 이는 생육신으로 살아갈 매월당 김시습이었다.

김시습은 세 살 때부터 한시를 지은 신동이었다. 늙은 정승이 찾아와 시 한 수를 청했다. 정승은 아이에게 '늙을 노' 한 글자를 내밀었다. 다섯 살 난 아이는 말이 채 끝나기도 전에 붓을 거침없이 놀렸다.

'늙은 나무에 꽃이 피었으나, 마음은 늙지 않았다.'

늙은 신하의 감탄은 세종의 귀에까지 들어갔다. 세종은 다섯 살 난 아이를 직접 만나보고 싶어 했으나 신하들이 만류했다. 궁에 들어와 도승지 앞에서 써 내려간 시는 아름다웠다. 세종은 비단 50필을 하사하며, 장성하면 궁에서 다시 만나자고 격려했다.

과거를 준비하던 청년 김시습은 계유정난이 일어나자 붓을 꺾고 상투를 잘랐다. 유교의 나라에서 인과 예과 무너지는 걸 견딜 수 없었다. 왕이 버린 예를 되살리고자 김시습은 사육신의 시신을 수습했다. 한강 너머 노량진 언덕에 이른 김시습은 작은 돌무덤을 만들었다.

"그대들을 따르진 못했으나 편히 살진 않을 것이오. 바람처럼 흐르다 마음이 이끌면 다시 들르겠소."

김시습은 삼은각이 있는 동학사로 향했다. 조선의 선비가 찾은 삼은각은 조선을 부정한 고려의 충신 정몽주, 이색, 길재를 모신 곳이다.

김시습은 그 옆에 단을 쌓고 사육신의 제사를 지냈다. 상투를 자른 것에서 그치지 않고 머리를 깎은 김시습은 수행을 위해 길 위로 떠났다. 스님이 되는 건 유교의 이념이 무너진 조정에 대한 저항이기도 했다. 팔도를 돌며 백성의 삶을 체득했다.

유랑의 끝자락에 경주의 금오산(남산)에 머물며, 필생의 역작이자 자신의 천재성을 마음껏 펼쳐낸 『금오신화』를 토해냈다. 최초의 한문 단편소설이었지만, 당대에는 그 의미도 위대함도 인정받지 못했다. 조선의 유학자들은 낮에는 환상의 세계를 넘나드는 그의 작품 세계를 천박하다며 폄하했지만, 밤이 되면 필사본이라도 구하고자 안달을 부렸다.

그러나 김시습의 『금오신화』는 임진왜란을 겪으며 조선에서 사라졌다. 그렇게 신화(神話)가 된 신화(新話)가 우리 앞에 다시 나타난 건 1927년 〈계명〉이라는 잡지를 통해서다. 일본에서 제작된 판본을 육당 최남선이 소장하고 있다가 공개한 것이다.

시대가 담지 못해 흘러넘친 재능을 가졌던 김시습은 끝내 세상에 융화될 수 없었으나, 공신 중의 공신인 한명회는 왕에 버금가는 권세를 누리며 늙어갔다. 한명회는 압구정 정자 위에서 살생부를 만든 지난날을 미화하며 시 한 수를 남긴다.

'청춘에는 사직을 붙들고, 늙어선 강호에 누웠네.'

여전히 길 위에 서 있던 김시습은 한명회의 글에서 단 두 글자만 바꾸고 가던 길을 갔다.

'청춘에는 사직을 위태롭게 하고, 늙어선 강호를 더럽혔네.'

장남과 조카의 죽음 이후

영월로 유배 보낸 어린 조카를 떠올리자 세조의 미간에 주름이 깊어졌다. 이제 마지막 한 걸음이 남았으나 쉽게 떨어지지 않는다. 왕은 깊은 피로감을 느끼며 동이 틀 무렵에 겨우 잠이 들었다. 귀신이 다시 나타났으나, 말이 없었다. 이제는 어쩔 도리가 없다는 걸 귀신도 깨달았을 것이다. 그러나 결코 체념한 눈빛은 아니었다.

천장에서 왕을 내려다보던 귀신은 바닥에 누운 왕에게 피를 토해냈다. 어린 아들의 죽음을 예감한 어미의 피는 짐승의 것과 같았다. 제아무리 대담한 왕이라도 꿈인지 생시인지 구분이 가지 않는 피의 질감에 잠에서 깨고 말았다. 그 와중에도 놀란 티를 내지 않았는데 문 밖에서 다급한 인기척이 들렸다.

"주상 전하! 세자 저하가…."

자신을 해치려는 귀신은 두렵지 않으나, 자식을 해코지하려는 건 미물도 두려운 게 부모의 마음이다. 왕은 거칠게 자리에서 일어났지만, 정신이 온전히 깨지 않았다. 그런데도 다리가 먼저 움직였으나, 말은 입 밖으로 새어 나오지 못했다.

왕의 장남인 의경세자는 세종의 첫 손자였다. 문종의 장남 단종은 3년 후에나 태어났다. 할아버지가 된 세종은 관례를 깨고 대군의 가족을 궁에 머물게 했고, 틈만 나면 손자를 안은 채 궁 곳곳을 누볐다.

"어떠냐? 요 눈매가 나를 쏙 빼닮지 않았느냐?"

"그러하옵니다. 주상 전하!"

"아니다, 자세히 보니 눈매뿐만 아니라 온 얼굴이 나를 닮았구나. 허허허."

왕이 당도했을 때 세자의 육신은 이미 맥없이 널부러져 있었다. 왕은 여느 아비처럼 달려가 세자를 안고 싶었지만 몸이 말을 듣지 않았다. 선 채로 그저 바라볼 뿐이었다. 핏기가 사라진 세자의 얼굴에 자신이 배반한 아버지와 형님의 모습이 번갈아 스쳤다.

세자는 용모뿐만 아니라 성품도 자신이 아닌 두 사람을 닮았다. 그래서 왕은 세자를 더욱 아꼈다. 왕은 아들의 늘어진 사지를 바라보며 아버지의 무덤과 자신이 죽인 사람들이 떠올랐다. 아들의 죽음은 그 지관의 말대로 묫자리에서 비롯된 피할 수 없는 저주일까? 아니면 그저 자신이 치러야 할 업보일까? 전자라면 능을 옮겨야 하고, 후자라면 마지막이길 빌었다.

왕은 아들의 장례를 치르고, 금부도사를 청령포로 보냈다. 단종이 노산군으로 강등되어 유배된 청령포는 삼면이 강으로 둘러싸인 육지 안의 섬이자 천혜의 감옥이다. 벽촌에도 한양에서 일어난 도륙 소식은 이미 전해졌다.

소년은 왕의 명이 곧 도달할 거라 여겼다. 의연하게 죽음을 받아들일지 처절하게 생을 버텨야 할지, 생각은 자주 바뀌었다. 죽음이 두렵진 않았으나 그릇된 일을 수긍해야 하는 처지가 갑갑했다.

"찾아 계시옵니까?"

영월에 대대로 터를 잡고 살며 관아 일을 하는 호장 엄흥도가 좁은 마당에 들어서며 소년의 생각을 깨웠다.

"어서 들어오시게."

소년은 궁에서 가져온 몇 안 되는 물건을 소담하게 담아 엄흥도에게 내줬다.

"그간 고마웠네. 돈이 될 만한 건지는 모르겠으나 내 마음이니 받아주게. 그리고 오늘부로 발길은 끊게. 곧 한양에서 군사가 올 것이네."

"아니, 이 무슨 갑자기…."

"내 자네 덕에 짧은 생의 마지막이 적적하지 않았네. 좋은 인연이었어. 혹여라도 내가 죽은 후에, 내게 일어난 일 때문에 자네의 몸이 나서면 큰 화를 입을 것이네. 혼자가 아니고 식솔이 있지 않나. 나 또한 줄 게 마음뿐이니 자네도 그저 마음만⋯."

"전하⋯."

"어허! 이 사람 큰일 날 사람이구만. 썩 물러가게."

몇 년 사이 겪은 고초에도 소년의 얼굴에서 광채가 사라지지 않았지만, 속은 썩어 문드러져 말본새는 중늙은이가 되었다.

1457년 10월 24일, "금부도사 왕방연이 사약을 받들고 하는 수 없이 들어가 뜰 가운데 엎드려 있으니, 단종이 나와 온 까닭을 물었으나 도사가 대답을 못했다."라고 실록은 전한다. 그러나 글과 다른 말들이 소실되지 않고 전해진다.

어떤 이는 소년이 스스로 목을 매었다 하고, 다른 이는 종놈이 활시위로 소년의 목을 졸랐다고 한다. 몇 되지도 않는 사람들의 말이 제각각인 이유를 따져 무엇 하겠나! 그저 지엄한 왕명이 무사히 당도해 집행되었거늘.

죽은 소년은 강에 던져졌다. 시신은 눈치도 없이 물 아래로 가라앉지 않고 자꾸 떠올랐다. 한양의 양반들도 멸문지화를 당했다. 벽지의 누구 하나 감히 나서지 못했으나 새어 나오는 울음까진 가두지 못했다. 청령포에는 밤늦도록 숨죽인 곡소리가 끊이질 않았다.

잠들지 못한 엄흥도는 소년의 명을 어기기로 했다. 그저 눈 감고 세월을 강물에 흘려보내면 천수를 누리고 살 것이나, 남은 생 동안 마음이 크게 쓰일 것이다. 엄흥도는 지게를 지고 아들과 집을 나섰다. 의를 행하기 전, 가까운 이들에게 뜻을 전했다. 많은 이가 만류했지만 엄흥도의 마음은 단단했고, 강가로 향하는 발걸음은 올곧았다.

엄흥도는 온몸에서 물이 흘러내리는 죽어버린 소년을 업은 채 산을 올랐다. 마음이 급해 소년의 목에 감긴 줄을 풀 생각조차 하지 못했다. 정신없이 땅을 팠고 작은 돌무덤을 만들어 예를 다했다.

"전하! 가까이서 모실 수 있어 참으로 복되었습니다. 다음 생애에는 여염집에서 태어나소서. 그때는 제가 꼭 금강산 유람을 시켜 드리겠습니다."

엄흥도는 동이 트기 전 족보까지 태워버리고 왕의 나라에서 완전히 자취를 감췄다.

산 자를 귀신으로 만든 왕은 귀신의 무덤에 파묘를 명했다. 소년의 어머니인 현덕왕후의 능은 시동생에 의해 유린되었고, 초라한 묘 하나가 강가에 덩그러니 세워졌다. 아들을 지키지 못한 귀신은 더 이상 왕의 침전에 나타나지 않았으나, 왕의 몸에 깊은 원한을 각인시켰다.

왕의 몸 곳곳에 종기가 돋기 시작했다. 온천욕을 하기 위해 온양으로 행궁을 떠났으나 차도가 없었다. 팔도의 어떤 명의도 왕의 병을 다스리지 못했다. 유교의 근간 위에 세워진 나라의 왕이 부처에게 매달렸다. 공주와 사위는 불공을 올리고, 문수보살의 몸 안에 왕의 피고름이 배인 적삼을 의탁했다.

그러나 어떤 짓도 소용 없었다. 왕의 피부병은 죽는 날까지 떨어지지 않았다. 저잣거리에선 아들을 잃은 어미의 피와 침이 왕의 피부를 썩게 한다고 수군거렸다.

천릉을 논할 수밖에 없다

——❈——

왕의 장남이 죽고 조카가 죽임을 당해도 죽음은 멈추지 않았다. 왕의 둘째 아들인 인성대군의 장남이 돌도 지나지 않아 풍질로 세상을 떠났다. 아들의 주검 앞에서도 무릎을 꿇지 않았던 왕은 손자를 끌어안은 채 금수처럼 울었다.

왕이 외면하려던 의심은 확신이 되었고, 번뇌 끝에 답을 얻었다. 그날 왕은 오랜만에 단잠에 들었다. 어쩐 일인지 피부가 전혀 가렵지 않았기 때문이다.

단잠에서 깬 왕이 신하들에게 천릉을 논했다. 그러나 신하들의 반응은 왕의 생각과 달랐다.

"주상 전하, 천릉이라니요? 선왕의 능소가 파괴된 것도 아닌데, 어찌하여 그런 무리한 일을 명하시옵니까? 법도에도 맞지 않을뿐더러 백성의 원성이 더 높아질 것이옵니다."

2020년에 촬영한
세종 영릉 전경
ⓒ문화재청

"절사손장자! 그대들도 그날 지관이 한 말을 알고 있지 않은
가? 그의 말을 따르지 않아 세자와 세손을 잃었다."

이미 알고 있지만 개의치 않다고 말하는 공신들에게 왕이 물
었다.

"능소가 파괴되지 않더라도 흉지로 판명되면 천릉을 하는 것
또한 법도다."

"전하! 선왕의 능은 전하를 보위에 오르게 하신 천하의 명당
이옵니다."

꺼내선 안 될 말이 공신의 목구멍에서 기어 나와 왕의 귀에
닿았다. 왕의 동조자이자 살해 공범인 공신들이 왕에게 되묻고

있었다.

'나리! 그 자리가 나리 혼자 힘으로 얻은 것이요? 그 자리는 나리의 형과 아들을 죽게 한 우리의 명당이오. 나리의 아들과 손자의 죽음은 대업을 이루기 위한 불가피한 희생이었소.'

왕은 자가당착에 빠졌다. 천릉을 계속해서 주장하는 건 자기 부정이 될 것이며, 하지 않으면 후손을 더 잃을 것이다.

'이 나라는 결국 정도전이 꿈꾸던 나라가 되는 것인가.'

왕은 스스로 자초한 기괴한 상황에 말을 잃었다.

"……."

"전하, 지금은 민심을 헤아려야 하오니 천릉은 추후 다시 논하심이 합당한 줄 아뢰오."

천릉은 이후로 거듭 논의되었으나 왕이 죽기 전까지 끝내 이뤄지지 않았다.

재위 14년, 죽음을 앞둔 왕은 대신들을 물리고 세자만 남겼다. 가질 수 없었던 권력을 품었으나, 아비의 묘도 옮기지 못한 허상을 손에 꼭 쥔 노인이 죽어가고 있었다. 하고 싶은 말이 많았으나, 생각이 정리되지 않았고 숨만 거칠어졌다. 왕에게서 생명의 징후가 보이는 곳은 오직 피부의 고름뿐이었다.

왕은 사력을 다해 세자에게 말하려 했으나 끝내 말이 되지 못했다. 세자는 그저 그 뜻을 미뤄 헤아릴 수밖에 없었다. 왕이 계유정난을 후회했는지 아니면 더 모질지 못했다고 후회했는지 알 수 없었다. 다만 왕의 얼굴은 죽어서도 몹시 일그러져 있었는데, 마음이 편치 않아서인지 피부병으로 인한 고통 때문인지 또한 알 수 없었다.

왕의 죽음을 확인한 세자는 흉하게 상한 왕의 얼굴을 두 손으로 가만히 쓰다듬었다. 왕이 될 수 없었던 자가 왕이 되었고, 그 왕이 죽음으로써 자신이 왕이 되었다.

세종대왕의 천릉을 시행하다

모든 새 왕의 첫 임무는 선왕의 장례를 치르는 것이다. 옛 왕의 시신은 장례 절차를 위해 궁에서 5개월간 머무는데, 동빙고의 얼음이 있기에 가능한 일이었다. 왕의 장례는 3년상을 기본으로 60여 가지에 이르는 절차를 따랐다. 백성은 덕 있던 왕이 승하하면 울었고, 그렇지 못한 군주가 죽으면 더 구슬프게 울었다. 왕릉을 조성하는 데 많은 백성이 동원되었기 때문이다.

『세종실록』은 "승정원에 산릉(태종의 능)의 역사로 인한 폐해에 대해 이르다. 1만 5천 명을 사역시켜 죽은 사람이 100명이나 된다."라고 전한다. 세조는 풍수지리와 민심을 고려해 자신의 묘역 조성을 간소화할 것을 명했다. 석실과 석관의 사용을 금하고, 병풍석도 세우지 못하게 했다.

새 왕이 처음으로 자신의 권력을 행사한 것 또한 능에 관한 것이었다. 새 왕(예종)은 할아버지 세종대왕의 천릉을 시행했다. 죽은 왕의 염원이자 왕가를 지키기 위한 가장의 본능이며, 신하들에게 자신이 왕임을 알리는 첫 날갯짓이었다. 죽은 자의 무덤을 옮기는 천릉이 산 자의 정치가 되는 순간이었다.

왕은 할아버지의 새 무덤을 찾고자 지관 안효례에게 명해 한양 인근 100리를 두루 살피게 했다. 안효례는 세종부터 성종까지 무려 여섯 왕의 재위 기간 동안 지관으로 일한 조선 최고의 지관 중 한 명이다. 세조의 능 선정에도 깊숙이 관여한 인물이기에 세종의 천릉에도 나선 건 당연한 절차였다.

100리는 조선의 법도였다. 100리를 넘어가면 왕이 당일에 환궁하기 어려우므로 정사를 돌보는 데 방해가 된다는 게 이유였다. 한양 100리 내에서 쓰이지 않은 명당을 찾는 건 어려운 일이다. 조선 왕릉 최고의 명당이라는 태조의 건원릉, 태종의 헌릉, 세조의 영릉이 이미 자리 잡고 있었다.

지관은 한양 100리 너머까지 살펴야 했고, 운명처럼 큰비를 만났다. 비를 피하고자 지관이 들어간 곳은 무덤을 관리하기 위해 지어진 재실이었다. 비가 그치고 밖으로 나온 지관은 안도의 한숨을 내쉬었다.

"드디어 찾았구나."

물안개가 서서히 걷히며 누군가의 무덤이 모습을 드러내기 시작했다. 천하의 명당이었다. 천릉을 위해선 세조 때 대제학과 우의정을 지낸 이계전과 이인손의 묘를 이장해야 했다. 왕은 두 집안에 보상을 내리며 어르고 왕가의 존엄을 내세워 달랬다. 신숙주 등이 천릉할 여주 땅은 100리가 넘는다고 돌려 묻자, 왕은 물길로는 100리 안쪽이라고 곧게 답했다.

한편 아버지의 묘를 이장하게 된 이인손의 집안에선 지관의 말을 따르지 않은 걸 뒤늦게 후회했다.

"산소에 봉분은 물론이고 어떤 비석도 절대로 세우면 안 됩니다. 사람들의 눈에 띄지 않게, 마치 묘지가 아닌 것처럼 보여야 합니다."

유족들 중 누구도 지관의 말을 따를 생각이 없었다.

"건방진 자로구나, 지관이 땅만 보면 될 것이지. 집안의 체통이 있거늘! 어찌 묘를 그리 허술하게 쓴단 말인가."

세종대왕릉은 여주로 옮겨져 영릉으로 조성되었다. 두 명의 왕이 바라던 천릉이 마침내 이뤄진 것이다. 천릉은 새 왕의 처음이자 마지막 업무가 되었다. 문종부터 이어진 조선 왕가 장자 사망의 고리는 끊어졌지만, 새 왕은 재위 13개월 만에 승하한다. 한 시대와 한 무덤의 이야기가 마무리되고 수장된 줄 여겼던 돌무덤에 관한 이야기가 수면으로 부상했다.

어린 왕이 사사된 지 240여 년이 흘러, 숙종은 그의 무덤을 왕릉으로 추존했다. 엄흥도가 만든 돌무덤 자리에 장릉이 조성되었다. 다시금 왕이 된 소년과 왕릉이 된 그의 묘에 제를 올리는 날, 제문을 읽고자 한 사내가 도착했다.

축문을 읽는 이의 입매는 박팽년을 닮았다. 멸문지화를 당한 사육신의 후손이 어찌 살아남아 그들이 지키려던 왕의 무덤 앞에 나타난 것인가?

박팽년에겐 세 아들이 있었다. 남자라면 갓난아기도 죽음을 면치 못한 날, 박팽년의 둘째 며느리 이씨는 임신 중이었다. 이씨 부인에게 산달 기간의 자유가 유예되었다. 부인은 출산을 위해 친정이 있는 대구로 보내줄 것을 청했다. 아이를 낳고 나면 어미는 대구의 관기로 보내질 것이었고, 사내아이는 죽음이 약조되었다.

어린 시절 이씨 부인과 함께 자란 종이 같은 달에 딸을 낳았다. 노비의 딸은 이씨 부인의 딸이 되었고, 박팽년의 손자는 노비의 아들이 되어 목숨을 건질 수 있었다. 그는 박비라는 이름으로 살아가다 성종 대에 이르러 신원이 복원되었다.

그렇게 사육신의 후손이 축문을 읽게 되는 복된 날이 온 것이다. 사육신은 왕에게 충절을 지켰고, 박팽년의 후손은 나머지 사육신의 제사도 함께 지내며 신의를 지켰다.

장릉에는 조선의 왕릉들 중 유일하게 배식단이 있다. 단종을 위해 충절을 바친 이들을 위한 제단으로, 그곳에 모신 위패의 수가 260여 기에 이른다. 권력을 잃은 어린 왕의 곁을 죽음으로 지키던 이들이 다함께 모인 것이다.

　장릉에는 영조의 명으로 단종의 시신을 수습한 엄흥도 정려
비도 세워져 있다. 죽은 이를 위해 자신의 안전한 삶을 등진 엄
흥도는 조선의 시각에선 충절을, 현대의 관점에선 인류애를 행
한 것이다.

‖ 3장 ‖

끝나지 않은
독립운동에
대하여

불행한 한일사 속
두 부자의 상반된 길

요시다 쇼인, 정한론의 창시자이자 일본 제국주의의 사상적 뿌리이며 21세기에도 여전히 일본 정재계를 장악하고 있는 조슈벌의 정신적 지주다. 3세기에 일본의 신공황후가 삼한을 이미 정벌했다는 전설을 진실로 믿은 망상가요, 허튼소리를 외치다 나이 서른에 처형당한 무모한 행동가였다.

어린 그의 말은 확신에 찼지만 망령된 것이었고, 목소리는 강경했지만 생각은 빈약했다. 좁은 열도 내에서도 소수의 것이었고, 넓은 세상의 다수에게 해를 끼치는 악성 종양이었다. 그러나 헛되지만 이른 그의 죽음은 어긋난 신화가 되었고, 좀약을 먹고 자라는 기괴한 벌레들을 낳았다.

이토 히로부미, 아베 신조에 앞선 요시다 쇼인의 제자이며 쇼인이 그린 죽음의 바둑판에 놓인 대마이자 욕망의 제국을 꿈꾸는 일본의 총리대신이다. 이토는 오이소 해변의 저택에서 바다 건너 조선을 생각하고 있었다. 일본의 바다를 보며 조선의 바다와 청나라와 러시아의 땅을 욕망했다.

청일전쟁의 승리는 벅찬 것이었고 전리품은 찬란했다. 2억 냥에 달하는 배상금과 대만을 비롯한 영토를 할양받았다. 특히 뤼순항을 품고 있는 요동반도를 차지한 건 만주로 나아가는 발판이 되어줄 것이었다.

강화도 조약부터 20년째 공을 들여온 조선이라는 고지에 깃발을 꽂을 날이 머지않아 보였다. 그러나 이토가 공들여 놓은 한 수는 영국과의 그레이트 게임에서 밀린 러시아가 동쪽으로 눈을 돌리며 난관에 봉착했다.

니콜라이 2세, 하나의 시간에 여러 개의 계절을 품은 나라 러시아의 황제가 뜨겁게 열망하는 건 얼지 않는 바다였다. 유럽과 접해 있는 러시아의 바다는 1년에 절반이 얼어 있었다. 부동항을 갖지 못하면 바다로 나아갈 수 없었고, 하늘이 전장이 되지 못한 시대에 바다로 진출하지 못하면 제국이 될 수 없었다. 크림반도를 얻고자 전쟁을 불사하는 건 그곳을 얻기 위함이 아니라 얼지 않는 바다의 항구를 차지하기 위한 피부림이다.

러시아는 시베리아 횡단 열차에 사활을 걸었다. 지구 둘레

1/4에 이르는 9천 킬로미터의 동쪽 종착지는 블라디보스토크다. 바다로 뛰어들려는 러시아와 땅으로 기어오르려는 일본 사이에 병든 청나라와 병들어가고 있는 조선이 놓여 있었다.

조선인의 눈을 가리고 귀를 막으려는 계책

—— ❈ ——

1895년 4월 23일, 프랑스와 독일을 등에 업은 러시아가 일본의 외무성을 항의 방문했다. 일본의 요동반도 점령이 노쇠한 청과 병약한 조선의 독립에 심각한 영향을 준다는 것이었다. 호랑이가 고양이 입에 물린 쥐를 걱정하는 꼴이며 악의가 또 다른 악의를 힘으로 억누르는 형국이었다.

야망이 컸던 이토는 며칠간 고민했지만, 약삭빠르게 현실을 인지하고 비굴하게 물러났다. 일본이 채 씹기도 전에 토해낸 요동반도의 항구와 만주 철도부설권은 러시아가 차지했다.

조선의 왕과 그의 정치 동조자인 왕비는 빠른 선택이 절실했고, 표면적 힘의 우위를 보인 러시아를 택했다. 청일전쟁 이전 해 경복궁을 점령한 바 있는 일본의 저의는 분명해 보였고, 먼 나라 러시아의 의도는 다른 곳에 있을 거라 짐작했다. 더 나은 선택이 아니라 고려할 가치조차 없는 예시를 지워버린 것이다.

왕비 살해 음모가 발각되어 일본으로 도주한 박영효를 비롯한 친일 신하들의 자리가 친러 인사로 빠르게 대체되었다. 왕과 왕비는 러시아의 주요 인사를 빈번하게 만나며 이토에게 자신들의 속내를 확연히 드러냈다.

이토는 요동반도를 토해낸 것보다 조선에 대한 영향력이 쪼그라드는 게 더 고통스러웠다. 조선을 잃는 건 모든 시작의 종말을 의미했다. 혈기가 남아있던 50대의 이토는 조급한 마음을 다스리지 못하고 조선에 나가 있던 이노우에 가오루를 본국으로 불러들인다.

"상대의 의표를 찌르는 예리하고도 강한 조치가 필요하오."

"단검 같은 사내가 있습니다."

"상징은 상징으로 남겨둬야 하오. 다만 그와 가까운 자여야 하오. 수족이 잘린 고통과 닥쳐올 두려움이 극에 달해 감히 우리에게 다신 맞설 마음조차 품지 못하게 충격적인 것이어야 하오."

1895년 을미년, 독실한 불교신자이자 군인 출신인 단검 같은 사내 미우라 고로가 조선의 새로운 영사로 부임했다. 미우라는 일본에서 기르던 수염까지 자르고 조선에 발을 디뎠다. 자신의 발령 이유를 인지하고 결심까지 세운 미우라의 행보에는 주저함이 없었다. 경복궁을 들러 왕과 왕비를 알현한 그는 얼마 후 〈한성신보〉 사장 아다치 겐조를 은밀히 불렀다.

〈한성신보〉는 일본 수뇌부의 철저한 계획하에 창간된 신문으로, 일본 외무성에서 창립금과 운영자금을 지원했다. 조선인의 눈을 속이고 귀를 현혹시켜 자신들이 행하려는 불법적 일에 합법성을 부여하는 데 신문만 한 게 없었다.

구마모토 출신의 아다치 겐조는 이미 제국주의 사상에 완전히 경도된 인물로 미천한 언론사 경험과 30세라는 나이와 상관없이 〈한성신보〉의 사장으로 제격인 인물이었다.

1895년 10월 한성의 한 술집에 두 명의 일본인과 한 명의 조선인이 자리를 함께했다.

"신문사에는 마음이 준비된 자가 몇 명이나 있나?"

"일을 행하기에는 충분한 숫자입니다."

〈한성신보〉의 사람들은 양손에 칼과 펜을 쥔 무뢰배이며 기자였다. 미우라의 시선이 조선인 우범선에게 닿자 주저 없는 말이 튀어나왔다.

"조선을 위해서 반드시 행해야 할 일입니다."

1895년 10월 8일 을미사변 막전막후

우범선은 일본군의 지휘를 받는 경복궁의 훈련대 대장이었다. 왕과 왕비는 훈련대 대신 자신들의 관할에 친위대를 따로 뒀다. 신사유람단으로 짧은 시간 일본을 둘러본 우범선은 조선을 위한다는 대의를 내세워 자신의 안위를 도모하기로 했다. 입 밖으로 나온 허망한 말은 결의가 되었고, 스스로의 마음까지 속이는 다짐이 되었다. 경복궁은 왕실의 존엄을 베려는 일본과 왕조를 지키던 군사에 의해 이중으로 포위되었다.

우범선을 자리에서 물린 미우라는 세상에 범행이 어떻게 보여야 할지 다시 설명했다. 좁게는 훈련대와 친위대의 싸움이어야 하고, 크게는 조선 왕실의 권력 다툼으로 보여야 했다.

그 과정에서 무능하지만 탐욕스럽고 그래서 죽어 마땅한 악인이 일본도에 베어지는 것이고, 죽음은 불가피한 희생으로 여겨져야 했다. 혹시라도 일본의 저의가 드러나더라도 제국의 뜻이 아니어야 했다. 조선의 왕비를 해한 자들은 일본의 낭인이거나 조선인이어야 했다. 그러기 위해선 우범선과 훈련대가 필요했지만, 범행의 방점을 찍기 위해선 거물이 필요했다.

1895년 10월 8일 새벽 2시, 흥선대원군이 은거 중이던 아소정에 총칼로 무장한 군인들이 들이닥쳤다. 어린 군사의 위협에도 대원군은 꿈쩍하지 않았으나 끝내 늙은 육신은 가마에 던져지고 말았다.

군인들은 대원군을 태운 가마를 경복궁으로 몰아갔다. 대원군은 영문도 모른 채 범죄의 주모자이자 목격자가 되었다. 많은 일을 겪은 대원군은 큰일이 벌어질 거라 직감했으나, 그 일은 대원군의 짐작을 크게 벗어나는 일이었다. 대원군은 자리에 앉아 눈을 감은 채 밤을 지새웠다.

다음 날 상하이에서 발행되는 〈노스차이나 헤럴드〉는 대원군이 궁궐에 강제로 끌려가 감금된 상태였다고 보도한다.

새벽 5시, 한 발의 총성을 신호로 일본군과 조선 훈련대, 그리고 아다치 겐조를 행동대장으로 하는 48인이 경복궁의 정문인 광화문으로 진입했다. 후문인 추성문과 춘생문 또한 즉시 봉쇄되었다. 저항하는 병사가 있었으나 금세 진압되었고, 살아남은 자는 도망치기에 급급했다.

군복을 입은 일본 군인과 기모노를 입고 칼을 든 기자와 양복을 입은 하버드 출신의 일본인들이 궁녀들의 머리채를 잡고 목을 베며 명성황후의 행방을 물었다. 살의를 띠고 묻는 남의 나라말을 헤아렸으나 누구도 대답하지 못했다.

광기에 사로잡힌 무리는 왕의 침실인 장안당에 신을 신은 채 들어갔다. 항의하는 왕의 곤룡포가 찢어졌고, 저항하는 세자의 머리를 칼자루로 내리쳤다. 뒤늦게 사태를 파악한 조선의 병사들은 그저 허공을 향해 총을 쏘거나, 아예 총을 내려놓고 일이 빨리 끝나길 바랄 뿐이었다.

무리는 왕비의 침실인 옥호루의 문을 열어젖혔다. 왕비의 얼굴을 알지 못하는 그들은 짐작으로 침전의 여인들을 뻤다. 임오년 이후 궁은 다시 아비규환이 되었다. 왕은 무력감에 주저앉았고, 왕비는 두려움에 복도를 내달리고 있었다. 죽지 않고 살기 위해 달렸다.

왕비는 임오년에 이미 조선의 군대와 백성에게 쫓긴 적이 있었으나, 일본인에 의해 쫓기자 40여 년의 기억이 두서없이 뒤섞였다. 숨이 차 발걸음이 느려지던 순간 왕비의 몸이 허공으로 잠시 떠올랐다.

아다치가 왕비의 머리채를 뒤에서 잡아 올렸다. 왕비가 곤녕합 마당에 던져지자, 무리 중 용기를 얻은 자들이 왕비의 몸을 밟았다. 그중에는 아직 골격이 채 완성도 되지 않은 마른 몸의 10대도 있었다.

왕비가 가슴을 부여잡고 고통스러워하자 후쿠오카 출신의 도오 가쓰아키가 1미터가 넘는 검을 뽑아 들었다. 날이 날카롭게 선 에도 시대 장인이 만든 히젠도였다.

도오는 사람을 베는 칼을 뽑았으나, 단칼에 왕비를 베긴 어려웠다. 그저 쓰러져 있는 힘없는 여인이라고는 믿을 수 없는 기운이 전해졌다. 500년 왕조의 왕비였다. 혼자였다면 할 수 없었을 것이다. 짧지 않은 침묵이 흘렀고, 감히 명령하거나 채근하는 이도 없었다.

아다치는 망을 보고 있던 우범선을 불러 죽은 왕비의 얼굴을 가리켰다. 우범선이 고개를 끄덕이자 일본인들은 서둘러 궁을 빠져나갔다. 단발의 총성이 울리고 채 한 시간이 지나지 않은 때였다.

을미사변 발발 이후의 일들

가을의 아침 해는 더디게 떠올랐다. 왕비의 시신은 문짝으로 옮겨져 옥후루 뒷산의 장작 위에서 태워졌다. 꽃은 때가 되면 피고, 사람은 반드시 죽는다. 서둘러 핀 꽃은 반갑지만, 괘오한 생각에서 촉발된 이른 죽음은 분통하다.

아다치는 집으로 돌아와 자리에 누웠으나 잠들지 못했다. 마침내 대일본 제국의 당당한 일원이 되었다는 흥분과 자신도 모르게 스민 두려움에 숨이 찼다. 자리에서 일어나 물 대신 술을 들이켜고, 책상에 앉아 기사의 초고를 작성하기 시작했다.

다음 날 〈한성신보〉에는 지난 밤 대원군 전하께서 입궐하시어 왕궁 안에서 작은 싸움이 있었다는 기사가 실렸다. 〈한성신보〉의 설립 목적이 여실히 드러나는 기사다. 아다치는 자신이 선이라고 믿는 일을 분주히 수행했다. 일본은 고종을 협박해 친일 인사로 채워진 김홍집 내각을 발 빠르게 수립했다.

조선 공사관 영사보 호리구치 구마이치는 기사를 확인하고 고향 친구에게 편지를 보냈다. 그는 편지가 세상에 알려질 거라 짐작도 하지 못했기에 서랍 속 일기 같은 글을 써 내려갔다.

"나는 진입을 담당했다. 담을 넘어 궁의 안쪽에 이르러 왕비를 죽였다. 생각보다 쉬워 오히려 놀랐다."

훈련군 참위 윤석우는 신원을 알 수 없는 불에 탄 시신을 처리하라는 우범선의 지시를 받았다. 그는 사건 현장에 있지 않았으나 직감적으로 왕비임을 느꼈다. 흩어진 뼈를 모았으나 그저 하반신뿐이었다. 시간은 촉박했고 보는 눈은 많았다. 그는 궁의 인근 야산에 재와 유골이 구분이 되지 않는 왕비를 모셨다.

을미사변으로 재판까지 갔지만

사건 발생 닷새 후 왕비가 왕의 총명을 막고 매관매직을 일삼는 등의 죄를 지어 궁을 떠났기에 폐서인이 되었다는 조칙이 발표되었다. 일본은 왕을 겁박해 자신들이 이미 죽인 왕비를 산 자로 여기며 명예를 실추시키는 데 집중했다.

그러나 사건 당일 궁의 짙은 어둠을 바라보는 푸른 눈의 부엉이들이 있었다. 왕과 왕비의 공간 뒤쪽에 위치한 서양관의 목격자들이 보고 들은 것을 글로 옮겨 자국에 전했다. 말과 글은 빠르게 퍼져 나갔고, 날카로운 칼이 되어 일본을 겨냥했다.

주한공사 미우라는 풍설을 퍼트리는 악의에 찬 조선인의 말보다 일본인의 말이 신임할 만하다고 지껄였으나, 러시아 공사 카를 웨베르는 그날의 목격자는 조선인뿐만 아니라 유럽인도 있었다고 응수했다.

미국을 비롯한 유럽 여러 나라에서 일본의 반인륜적이고 야

〈한성신보〉 사옥 앞에서, 을미사변을 일으킨 낭인들

만적인 왕비 시해 사건을 보도했다. 미우라와 아다치는 자국의
이익을 위한 서구 열강의 짖음은 이해가 되었으나, 나라의 돌봄
을 받지 못한 조선 백성의 분노는 헤아리기 어려웠다.

　왕비가 죽고 55일이 지나서야 왕비의 죽음이 죽음으로 인정
받았다. 야산에 묻혀 있던 뼈와 재가 빈전으로 모셔졌다. 왕비가
죽은 그 마당에서 왕과 신하들이 모여 뒤늦은 곡을 했다. 슬픔이
상기되었고 분통함이 용솟음치니 산 자의 거친 통곡이 궁 안을
가득 채웠다.

　일본은 국제 여론에 밀려 시해 가담자 중 군인은 군법회의에

회부하고 민간인은 히로시마 형무소에서 재판을 받게 했다. 요식 행위에 불과했던 재판 과정에서 얻은 수확이라면 시해 가담자들의 정체가 드러난 것 정도였다.

20대에서 40대가 주를 이룬 이들의 직업은 기자, 외무성 직원, 교수, 작가, 의사, 승려, 통역관 등이며, 하버드대학교와 도쿄대학교를 졸업한 몽매한 자들이었다. 얄팍한 지식을 지혜로움으로 여기며 자신의 행동에 스스로 정당성을 부여하는 식자가 세상을 어떻게 위태롭게 하는지 역사는 반복해서 알려준다.

특이한 점은 〈한성신보〉 사장 아다치 겐조를 포함해 무려 스물한 명이 구마모토 출신이라는 점이었다. 구마모토와 조선의 악연은 길고 일방적이었다. 구마모토의 초대 성주는 임진왜란 중 저지른 잔혹한 학살 행위로 조선 백성들에게 악귀라고 불린 가토 기요마사다.

아다치는 가토를 현인으로 모시며 사당까지 세워 추앙했다. 소년 아다치가 생각하는 조선, 청년 아다치의 적은 그렇게 형성되었다. 아다치의 뇌라는 염전에 가토와 제국이라는 바람이 불었고, 제국주의라는 소금이 그의 정신을 점령한 것이다. 조선 왕비 시해 사건은 야마구치현 출신의 조슈벌이 기획하고, 구마모토현 출신들이 행동에 나선 기획 범죄였다.

재판은 반전 없는 연극마냥 정해진 식순에 따라 퇴폐적으로 종결되었다. 증거 불충분이라는 불충분한 설명으로 시해자들은 전원 석방되었다. 무죄로 풀려난 죄인들은 형무소 앞에서 서로를 안으며 동지라고 불렀다. 각자의 길로 떠나는 그들의 손에는 200엔의 여비가 쥐어져 있었다. 어리석은 식자들을 후원하는 우매한 부자들이 제국주의를 든든하게 떠받치고 있었다.

우범선의 일본 망명 생활

죽은 왕비의 자리에 친일 내각이 들어섰고, 전국에 단발령이 내려졌다. 백성의 저항은 의병 운동으로 이어졌고, 백성이 벌린 틈 사이로 왕은 궁녀의 가마를 타고 러시아 대사관으로 향했다.

왕은 김홍집, 유길준, 정병하, 조희연 등을 을미사적으로 명했고, 김홍집과 정병하는 백성에게 맞아 죽었다. 유길준과 조희연을 비롯해 살아남은 이들은 왕과 백성의 어리석음을 개탄하며 일본으로 향했고, 그 무리에는 왕실과 민심의 복수를 두려워하는 우범선도 끼어 있었다.

우범선의 망명 생활은 순조로웠다. 일본 외무성에 활동을 보고해야 했지만, 넉넉한 생활비가 지급되었다. 민간 차원에서도 적지 않은 돈을 지원받았다. 마흔을 앞둔 나이에 타국에서 생활을 걱정했다면 몸보다 마음이 먼저 무너졌을 것이다.

조선이 아닌 일본에서 몸의 안온함을 느꼈다. 그러자 자신이

한 일에 대한 후회 대신 연민의 감정이 일었다. 조선은 침몰하는 배였고, 어차피 끝마쳐야 하는 항해라면 미련을 버리고 탈출하는 게 현명하다고 자위했다.

히로시마, 교토, 도쿄를 유랑했다. 바다를 넘어 대륙으로 나아가려는 일본의 힘이 느껴졌다. 생활에 안도감을 느끼면서도 마음 한구석은 늘 차가웠다. 수시로 고향의 음식과 말이 그리웠다. 어떤 날은 걱정 없이 술에 취하고 싶었으나 흐트러져선 안 되었다. 왕실에서 보냈거나 스스로 일어선 자객들이 해이해진 자신의 목을 노릴 것이었다.

그들도 그들의 일을 하는 자들이기에 원망하진 않았다. 다만 자신과 그들의 생각이 달랐기 때문이고 피할 수 없는 일이었다. 더불어 산다는 건 각자의 하기 싫은 일, 해야만 하는 일, 미뤄야 하는 일들이 겹치고 돌아가는 것이다.

자객의 칼이나 총을 담담히 받아들이겠다는 건 아니다. 자신도 자신의 일을 끝까지 행해야 했다. 신원이 확인되지 않은 조선인과의 만남은 피했고 아는 이도 다시금 살폈다. 행동은 고요했고 말은 삼갔다. 불편하지만 잠은 늘 2층에서 잤다. 자객 또한 번거로울 거라 여기면 위안이 되었다.

도쿄에서 일본 여인을 만났다. 조선으로 틀림없이 돌아갈 거라 생각했지만 3년의 망명 생활 동안 삶은 늘어졌고 심신은 지쳤다. 이듬해 아들이 태어나자 욕심과 불안이 함께 자랐다. 도쿄에는 사람도 많고 조선인도 많았다.

히로시마현의 구레로 떠났다. 어느 곳이든 타향이었기에 어디든 사는 건 매한가지였다. 아들을 잘 키우고 싶었다. 힘 있는 나라 일본에서 내 자식만큼은 나와 다른 삶을 살게 하고 싶었다. 몇 년만 더 버티면 먹고 사는 것에 지친 사람들이 자신이 한 일을 잊어줄 거라 기대했다. 돈이 부족하진 않았지만 오르내리기 힘든 2층에 집을 구했고, 가구보다 창을 가릴 천을 먼저 샀다.

우범선을 추격해 살해한 고영근

우범선이 포근한 요 위에서 불완전한 안락함을 쌓아가던 날, 한 사내가 그를 추격하고자 조선을 떠나 일본으로 향했다.

고영근은 어린 나이에 아버지를 잃고, 민영익의 집에 위탁되어 재능을 주고 기회를 얻었다. 작은 일도 사력을 다해 완성하자 이윽고 큰일이 주어졌다. 무방비 상태로 맞은 불행을 행운으로 치환시키며 병마절도사의 자리까지 이르렀다. 하지만 왕비의 죽음 앞에 우는 아들을 보며 사지가 뒤틀리는 무력감에 빠졌다.

고영근은 역적을 베어야겠다는 살의가 조선 땅에서 싹튼 것인지 일본에서 돋아나 자란 것인지 스스로도 알지 못했다. 살의의 근원도 모르던 그를 우범선에게로 이끈 건 숙명일까, 우연일까? 이 또한 알 수 없다.

일본의 여름은 한기가 느껴질 만큼 무더웠다. 구마모토, 고베 등을 떠돌다 오사카에 이른 그는 조선어학회 활동을 하던 윤효정의 집에 머물게 되었다. 그리고 윤효정이 우범선 암살을 계획하고 있다는 걸 알게 되었다. 살심이 결심이 되는 순간이었다.

고영근은 우범선이 사는 곳을 찾아 그의 일상을 무심하게 지켜봤다. 오사카로 돌아온 그는 윤효정에게 즉각적으로 상의가 아닌 통보를 했다.

"1층에는 동서 내외가 지내고 자신은 2층에서 지내며 늘 경계하고 있소. 찾아오는 조선인도 드물지만 처음 보는 조선인은 만나주지도 않소이다. 이런 자를 압록강으로 유인해 주살한다는 건 너무 아득한 일이오. 언변이 좋은 내가 시간을 두고 접근해 처단하겠소. 안면이 있는 선생이 처음 접근만 도와주시오. 선생은 다른 할 일도 많지 않소. 내게 기회를 양보해주시오."

우범선은 윤효정의 소개에도 고영근에 대한 경계심을 풀지 않았다. 고영근은 우범선에게 짙고 느리게 다가갔다. 비가 오는 날은 가난한 처지의 동포가 되어 동정심을 유발했고, 맑은 날은 동시대를 살아가는 또래 남자의 공감대를 건드렸다. 고영근은 살의를 숨기고 호의를 드러내며 우범선의 위로가 되었다.

"이래저래 자네 덕을 많이 봤어. 동네도 마음에 들고 이제 정착해서 살아보려고 하네. 이왕지사 이렇게 된 거 신세를 더 져야

겠는데, 인근에 집을 좀 알아봐주겠나?"

"형님도 참! 같은 동포끼리 돕고 살아야지요. 마침 우리 집 인근에 한 채가 비었는데, 당장 같이 가보시지요."

조선의 왕비를 죽인 일본인의 길잡이가 되었던 우범선은 자신을 노리는 자객의 안내자를 자처했다.

조선에서 고영근의 노복이었던 노윤명이 합류했다. 우범선에게도 그를 소개하고, 조선에 남아있는 모든 가족을 데려오겠다고 안심시켰다. 집들이를 빌미로 두 사람은 우범선을 집으로 초대했다.

범선은 조선에서 온 형님네 집에서 실로 오랜만에 술을 한잔 하고 오겠다며 아내와 어린 아들에게 마지막 인사를 하고 들뜬 마음으로 집을 나섰다. 같은 말을 쓰는 선한 사람과의 술자리에 범선은 금세 취기가 돌았다. 술이 취하자 그날의 일이 떠올랐다.

영근의 생각이 궁금해 물었다. 윤명은 노기를 드러냈고, 영근도 감정을 감추지 못했다. 상대에게서 살기 어린 분노를 감지한 범선은 술에서 깨고자 찬물을 거푸 마셨다.

정신을 집중하자 모든 우연이 필연처럼 느껴졌다. 자신의 어리석음과 연민을 자책했다. 늘 경계하던 죽음의 순간은 예상보다 짧았다. 뭔가를 하기에는 늦었고, 안도감에 취해 있었다.

고영근의 칼이 목에 닿고, 노윤명의 둔기가 쓰러진 우범선의 머리를 내려쳤다. 두 사람은 시체를 남겨두고 무덤이 된 집에 불을 지른 후, 경찰서로 향했다. 애초에 자신들이 한 일을 감출 생각이 없었다.

다음 날 일본 언론은 열사이자 지사인 우범선이 무도한 조선인 자객에게 살해당했으며, 이는 비문명의 오욕이라고 보도했다. 일본인들은 우범선을 기리고자 돈을 모아 비석을 세웠고 그의 장례식에는 왕비를 함께 죽인 자들이 참석해 동지의 죽음을 애도했다.

판결이 정해진 형식적 재판은 신속하게 이뤄졌다. 사건 발생한 달 만에 히로시마 재판소는 고영근에게 사형을 선고했다. 그는 사람을 죽인 죄는 응당 받겠으나, 자신의 죄명이 살인죄가 아닌 '적괴참살보구모수'라고 주장했다.

"나는 국모의 원수를 갚기 위해 적을 벤 것이다."

고종은 기뻤으나 마음을 표할 수 없었고, 백성이 갸륵했으나 치하할 수 없었다. 고영근 한 사람만이 아니었다.

을미사변 이듬해인 1896년에는 청년 김구가 왕비의 원수를 갚고자 일본인 순사를 죽인 일도 있었다. 왕은 가족조차 지키지 못한 자신에게 무력감을 느꼈고, 자신이 돌보지 못한 백성에 경외감을 느꼈다.

왕은 고영근을 살리고자 하야시 곤스케 공사에게 말을 전했고, 이토에게도 뜻을 청했다. 고영근을 차마 즉시 죽이지 못한 일본은 러시아와의 전쟁을 위해 왕의 협조가 필요했다.

감옥 너머의 세상은 경박스러운 시간이 빠르게 흘러갔으나, 안에선 무겁고 더딘 시간이 흘렀다. 무기징역으로 감형을 받았던 고영근은 투옥 8년 만인 1911년, 마침내 석방되어 고국에서 환갑을 맞이할 수 있었다.

고영근이 뭔가를 바라고 행한 일은 아니었지만, 그의 나라는 그에게 해줄 수 있는 게 없었다. 늙어버린 그에게 나라가 내민 최소한의 염치는 왕과 왕비가 함께 묻힌 홍릉을 지키는 능참봉 자리였다. 고영근은 처지에 상관없이 바지런한 사람이었다. 능이 보이는 초가집에 앉아서도 스스로 뭔가를 도모했다.

10년의 세월이 흘러 칠십을 넘긴 고영근이 다시 한번 자수했다. 그의 진술은 다음 날인 1922년 12월 13일 〈동아일보〉에 보도되었다.

고종과 명성황후가 함께 잠든 홍릉에는 고종 사후 4년이 지났음에도 묘비석이 세워지지 못하고 누워 있었다. 총독부에서 고종의 묘비석에 대한과 황제를 새기지 못하게 했기 때문이다.

모두가 엄두도 내지 못하고 세월만 흘러가던 어느 날, 홍릉의 능지기인 고영근이 총독부의 눈을 피해 인부를 고용했다. 늙은 능참봉과 인부들은 닷새 동안 능 구석에 누워 있던 비석을 세우고 일으켜 세운 돌에 황제와 황후를 의미하는 태자를 새긴 후, 어떤 처분이라도 상관없다는 듯 자수를 한 것이다.

대한제국의 근엄한 대신들이 총독부의 눈치를 보며 비석을 다시 눕혀야 할지 새겨진 글자를 지워야 할지 옥신각신하는 와중에도, 백발이 성성한 능지기는 그저 왕릉 앞의 비석을 지키고 있었다. 고영근은 결국 파직되었으나 자신이 세운 비석과 새긴 글자는 지켜냈다. 그리고 마치 이승에서 할 일을 다 했다는 듯 한 달 후 저승으로 떠났다.

우범선의 아들로 살아간다는 것

———❄———

우범선은 일본에 머물며 일본인 여성과 결혼해 두 아들을 낳았다. 고영근을 만나러 가는 날 장남 장춘을 안아 들고 말했다.

"아버지 다녀오마. 밥 잘 먹고 있어라."

역사의 단죄가 후손으로 이어지는 건 인류의 슬픔이다. 그의 아내와 어린 두 아들은 창졸지간에 가장을 잃었다. 장춘의 어머니는 장남을 절에 맡기고 돌아서야 했다. 어린 동생과 장춘 모두를 위한 선택이었으나 누구도 행복할 수 없던 시절이었다.

우범선은 고국의 왕비를 죽이는 데 힘을 보탰으나, 조상이 물려준 성씨를 버리지 않았다. 소년 장춘은 조선인의 핏줄이라는 이유만으로 극심한 차별 속에서 학창 시절을 보냈다.

장춘은 아버지가 왜 죽임을 당해야 했는지 알지 못했고, 사념에 빠질 여유도 없었다. 홀로 고생하는 어머니를 위해 하루라도 빨리 출세하는 일에 집중해야 했다.

어머니의 나라는 아버지의 성을 이고 사는 장춘에게 혹독했고, 망해버린 아버지의 나라로 가는 건 막막했다. 어린 장춘은 또래보다 빨리 철이 들어버렸지만 응어리는 켜켜이 쌓아뒀다.

이토가 안중근의 총탄에 쓰러지고 10년이 지났지만, 일본에서 태어난 조선인의 삶도 죽은 이토에 의해 통제되고 있었다. 이토의 지시로 조선과 경성에 각 하나, 일본 본토에 일곱 개의 제국대학이 세워졌다.

이토는 시정의 무뢰배와 구별되는 잔혹한 인간이다. 땅과 육신뿐만 아니라 정신까지 완전히 정복하려는 심산이었다. 제국대학은 어리고 가난한 조선인을 친일파로 양성하기 위한 미끼였으며, 나라를 팔아서라도 가문을 번영시키려는 영혼이 박약한 자들에겐 동경의 대상이었다.

실재하지 않는 아버지의 성씨를 안고 사는 장춘에게 선택지는 적었다. 도쿄제국대학 농학실과에 입학한 장춘이 접한 건 새로운 학문과 더 잔혹한 현실만이 아니었다. 아버지가 한 일과 당한 일의 내막도 알게 되었다.

어린 시절부터 막연한 두려움은 있었다. 가난만으로는 설명하기 어려운 지나치게 무거운 집안 분위기, 연민과 업보의 사이에서 자신을 바라보던 어른들의 눈빛까지. 자신의 예상보다 훨씬 나쁜 일이 있었을 거라는 두려움으로 아버지에 대한 이야기를 스스로 회피했었다.

망국에서조차 자신이 버려졌다는 완벽한 고립감과 죄책감이 혼재되어 장춘을 짓눌렀다. 아버지의 나라를 언젠가 한 번쯤은 가볼 수 있을 거라 여겼던 기대는 무너졌지만, 어머니와 동생을 위해 자신은 부서질 수 없었다.

졸업 후 직장을 다니며 자신이 태어난 타국에서 범연한 이방인으로 살아가던 장춘은 박사 논문으로 세계적인 주목을 받았다. 1936년 5월 발표한 박사 논문 「종의 합성」에서 자연 상태에서도 다른 종인 배추와 양배추를 교배하면 새로운 종인 유채가 탄생한다는 걸 세계 최초로 입증했다. 훗날 찰스 다윈의 진화론은 장춘의 논문인 종의 합성 이론에 의해 수정 보완되었다.

장춘은 일본에서 부와 명예를 쥘 수 있는 절호의 기회를 스스로 창출해냈다. 그러나 일본 정부는 어쩌면 노벨상에 근접했던 농학박사 장춘의 논문에 표기된 그의 성씨를 문제 삼았다. 장춘은 여전히 창씨개명을 거부하고 아버지의 성씨인 '우'를 포기하지 않았던 것이다.

결국 장춘은 일본에서 살아가야 할 자식들로 하여금 일본인 아내의 성씨를 따르게 했지만, 자신은 끝까지 우장춘으로 살기로 한다.

이 결정은 일체의 포용 없이 완전한 굴종만 요구하는 일본에 대한 도전이며 한 번도 가보지 못한 조선에서 아버지가 저지른 죄에 대한 죄책감에서 기인한 것이기도 하지만, 무엇보다 인류애를 품고 사는 한 명의 위대한 지식인으로 자신을 위해 내린 결정이었다.

대한민국이 필요로 한 우장춘

—❈—

대한민국은 해방을 맞았으나 백성이라 불리던 국민의 삶은 나아진 게 없었다. 차마 삶이라고 칭하기도 민망한 굶주림을 남겨두고 일제는 꼴사납게 도망쳤다. 그러나 서둘러 떠나는 와중에도 일본은 참빗으로 이를 잡듯 씨앗마저 쓸어갔다. 농사가 여전히 근본인 나라에서 씨앗마저 부족하니 아사자가 속출했다.

한국 정부가 세계적인 농학박사 우장춘의 영입을 고려한 건 당연한 일이었다. 친일파의 자손을 영입할 수 없다는 반대 의견도 있었으나, 이념과 철학을 논하기 전에 죽지 않는 게 우선이라는 의견이 우세했다.

1950년, 한국 정부는 우장춘 환국 추진 위원회를 결성하고 우장춘에게 손을 내밀었다. 그러나 장춘의 나이는 이미 50대에 접어들었고, 그에겐 자신을 위해 온전한 삶을 희생한 일본인 어머니와 아내 그리고 여섯 명의 자녀가 있었다.

더군다나 가난한 한국 정부가 내민 금전적 제안은 일본의 생활과 맞바꿀 정도로 매력적이지도 못했다. 가야 할 명분이 없진 않았으나 가족의 반대가 아니더라도 일본에 남아야 할 이유는 차고 넘쳤다.

그러나 '불독'이라는 별명으로 불리던 장춘은 범인의 예상을 깨는 결정을 내린다. 마음을 굳힌 장춘은 나가사키현의 수용소를 찾아갔다. 일본 정부가 세계적 농학박사의 출국을 막았기 때문이다. 제국대학의 관비 유학생이 자신들이 점령했던 나라로 돌아가는 꼴을 두고 볼 수 없었던 것이다.

정상적인 방법으로 한국행이 불가능해지자, 장춘은 밀입국자와 불법체류자를 수용해 한국으로 강제 송환하는 수용소행을 선택한 것이다. 장춘의 의지를 확인한 한국 정부는 사례금으로 100만 원을 보냈고, 장춘은 그 돈으로 씨앗을 사서 부산항으로 입국했다.

장춘의 인생은 한국 근현대사의 가장 깊은 굴곡과 궤도를 함께했다. 고국 땅을 밟은 지 두 달 만에 6.25 전쟁이 발발했다. 고위 관료들이 트럭에 피아노를 싣고 피난길에 올랐고, 미처 수도를 빠져나오지 못한 서민들은 끊어진 한강철교 앞에서 통곡했다. 일본으로 도망가는 한국의 사회지도층이 등장하는 판국에 장춘이 포화 속에 남아있을 거라 예상한 사람은 드물었다.

그러나 우장춘 박사는 전쟁 중에도 연구를 멈추지 않았다. 대통령이 불러도 바쁘다는 핑계로 가지 않거나 누구를 만나더라도 작업복에 고무신을 신은 채였다. 장춘은 굶어 죽는 사람이 실재하는 땅에서 전쟁을 일으키는 이념이 이해가 되지 않았다. 장춘에게 더 중요한 건 자신이 가진 지식으로 하루라도 빨리 더 크고 병충해에도 강한 우수한 품종의 작물을 개발하는 것이었다. 그것이 이념이고 당파였으며 인류애라고 확신했다.

전쟁이 끝난 한국은 세계 최빈국이나 다름없었다. 장춘은 열 살이 된 막내가 눈에 밟혔으나 단 한 번도 일본을 방문하지 않고 오직 연구에 매진했다.

그러나 홀로 자식을 키운 어머니의 사망 소식에는 움직이지 않을 수 없었다. 장춘이 모친상을 위해 가방을 꾸리자 이번에는 한국 정부가 그의 출국을 막았다. 떠날 사람이었다면 전쟁 중에 도망쳤을 것이다. 장춘은 한국 정부의 조치가 야속했으나, 직원들이 다친 그의 마음을 보듬었다. 연구소에 임시 빈소를 마련하고 진심을 다해 시신 없는 장례식을 함께 치렀다.

장춘과 한 팀이었던 그들의 연구는 허허벌판이었던 한국 땅에 기적을 싹틔운다. 대한민국의 대표 음식 김치는 우장춘의 배추 품종 개량으로 완성되었다. 우장춘이 개발한 결구 배추 이전의 조선 배추는 그저 잎이 넓은 푸성귀에 불과할 정도로 볼품 없었다. 장춘이 개발한 배추는 반도체와 함께 한국인의 생활을 바꾼 과학기술로 선정되었다.

우장춘과 함께 일한 이들은 농학을 아는 사람만이 그가 얼마나 위대한 천재인지 안다고 칭송했다. 21세기 한국의 현대인들이 먹고 있는 무, 감자, 귤 등 이루 헤아릴 수 없는 개량작물의 뿌리는 우장춘이다.

1959년 6월, 우장춘은 극심한 과로로 위 십이지장 궤양 수술을 받고 병원에 입원했다. 제자들은 스승이 이번 기회에 쉬어야 한다고 당부했지만, 스승은 1년 2모작을 위해 연구 중이던 벼의 샘플을 병실로 가져오라고 극성을 부렸다.

건강은 쉽게 회복되지 않았지만 반가운 소식이 장춘에게 전해졌다. 대한민국 정부는 건국 이래 두 번째로 우장춘의 목에 문화훈장을 걸어줬다. 왕비를 죽인 자의 아들에게 국민의 배고픔을 덜어준 노고를 치하하는 훈장이 수여된 것이다.

우장춘은 훈장을 바라보며 얼굴도 기억나지 않는 아버지를 떠올렸다. 여러 가지 감정이 뒤범벅되었지만, 홀가분함이 몰려와 금세 잠이 들었다.

'훈장도 받았으니 빨리 퇴원해서 연구를 마무리 짓고, 짬 나면 애들을 보러 일본에도 좀 다녀와야겠어. 할 일이 너무 많은데, 시간이….'

하지만 우장춘 박사는 1959년 8월 10일, 61세를 일기로 연구소가 있던 부산에서 사망했다.

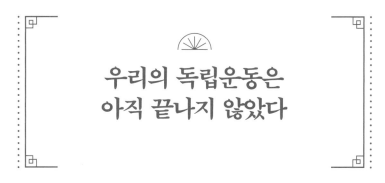

우리의 독립운동은
아직 끝나지 않았다

1945년 11월, 임시정부 요인들을 태운 비행기가 김포공항에 도착했다. 그러나 해방이 된 조국으로 환국하는 김구 선생을 비롯한 이들의 표정은 어두웠다. 미 군정이 임시정부를 한국의 공식 정부로 인정하지 않아 개인 자격으로 입국했기 때문이다.

　나라를 잃은 설움은 나라를 되찾는다고 즉시 회복되는 게 아니었다. 임정의 인사들 중에는 김구와 이시영뿐만 아니라 훗날 반민족행위특별조사위원회 위원장에 임명되는 문화부장 김상덕도 포함되어 있었다.

　김상덕은 와세다대학교에서 유학하던 중 조선독립청년단을 이끌었고, 1919년 2월 8일 일본의 심장 도쿄에서 2.8 독립선언을 외쳤다. 일본의 대조선 정책 변화를 이끌어 내는 3.1 운동의 도화선이 되었는데, 변절 전의 이광수가 「독립선언문」을 작성하며 한 인간의 항일, 친일 문장을 모두 볼 수 있는 사건이기도 했다. 둘은 중년이 되어 만나고 싶지 않은 장소에서 재회한다.

이후 중국으로 활동 무대를 옮긴 김상덕은 김원봉 등과 함께 의열단 활동을 비롯한 무장투쟁을 하다가 1942년 상하이 임시 정부에 합류 후 조국 해방을 맞이한 것이다. 친일 매국노를 응징하기에 떳떳한 이력과 담대함을 고루 갖춘 안성맞춤의 인물이었다.

'심판의 날이 다가온다. 그동안 네놈들이 호의호식하고 있을 때 우리 백성은 헐벗었고, 독립투사들은 네놈들에게 쫓겨야 했다. 더도 말고 덜도 말고 받은 만큼만 돌려주겠다. 그리해도 네놈들은 한 시도 버티지 못할 것이다.'

그러나 현실은 녹록지 않았다. 1947년 간행된 『수도경찰 발달사』의 기록을 보자.

친일 경찰이야말로 치안기술자라고 헛소리를 떠든 악질 고문 경찰 장택상이 경찰 서열 1위인 총감이었고, 뒤를 이어 고문관 최연과 관방장 노덕술까지 경찰 서열 탑 3이 친일 경찰 출신이었다. 그뿐만이 아니었다. 경위 이상의 간부 1,150명 중 80퍼센트가 넘는 949명, 하급 경찰의 30퍼센트가 친일 경찰이었다. 또한 서울의 열 개 경찰서장 중 아홉 명이 친일 경찰이었다.

해방 직후 경찰은 무소불위의 권력을 휘두르던 조직이었다. 일제의 개가 되어 독립군을 체포하고 고문해 죽인 대가로 악취가 진동하는 권력을 손에 쥔 집단이었다.

군의 사정도 크게 다르지 않았다. 만주군 출신의 원용덕이 초대 헌병 사령관, 일본 육사 49기 채병덕이 육군 참모총장이 되는 판국이니 광복군 출신 군인들은 진급은커녕 오히려 차별을 받아야 하는 웃을 수 없는 촌극이 벌어지고 있었다.

이 어이없는 병폐는 광복 후 3년간 실시된 미 군정에서 비롯되었는데, 미국의 존 R. 하지 군정 장관의 말에서 의문이 풀린다.

"일본을 위해 일한 사람은 미국을 위해서도 일을 잘할 것입니다."

"일제 치하 36년 동안 우리 국민을 괴롭힌 놈들을 그냥 두는 것도 모자라 그들의 지배를 또다시 받으라는 게 말이나 되오?"

"말이 안 되어도 할 수 없습니다. 그런 건 당신네 정부가 세워지면 당신들이 알아서 하시오."

우리의 역사를 알지도 못하고 이해하려는 노력도 하지 않는 이들에 의해 이 땅의 정의를 세우는 일이 미뤄졌다. 지옥문 앞에 일렬종대로 줄 세워져 있던 매국 친일파들은 미 군정 덕분에 피 묻은 자리를 보존할 수 있었지만, 대한민국 정부의 수립과 함께 뜨거운 살기와 마주 섰다.

반민특위 활동을 시작하다

1948년 제헌헌법이 공포되었다. 그리고 대한민국의 헌법 101조에 의거해 반민족행위 처벌법이 마침내 제정되었다.

> "단기 4278년(1945) 8월 15일 이전의 악질적인 반민족행위자를 처벌하는 특별법을 제정할 수 있다."

단독 정부 수립에 반대한 김구는 정치 활동에 나서지 않았지만 임시정부의 주요 인물들이 무소속으로 국회에 진출했다. 소장파로 분류되는 독립군 출신의 의원들 주축으로 반민법 통과가 가능했다. 한편 한민당을 지지 기반으로 하는 독립운동가 출신 이승만 대통령은 거부할 수 없는 시류에 편승할 것인지 대의를 물리적인 힘으로 거부할 것인지 선택의 기로에 섰다.

1948년 10월 12일 반민족행위특별조사위원회가 공식 출범했다. 반민특위는 특별재판부, 특별 검찰부, 특별경찰대로 구성되었는데 행정부와 별도로 조사권, 기소권, 체포권, 판결권까지 막강한 힘을 갖고 출범했다. 늦은 감이 있지만 의미 있는 출발이었다.

"위원장님! 이 정도면 충분히 싸울 만합니다. 여전히 고문 경찰과 만주군 출신이 경검을 장악하고 있지만, 우리에겐 국민의 지지가 있지 않습니까!"

"맞습니다. 끼니도 못 먹어가며 독립운동을 했는데 이 정도면 너무 호사스럽습니다. 잠자는 시간도 아껴 친일파 놈들을 하루속히 법정에 세우겠습니다."

"다들 의욕은 높이 사지만 절대 방심해선 안 되오. 저 버러지 같은 놈들이 지금까지 살아남은 데는 분명한 이유가 있습니다."

김상덕 위원장을 비롯한 반민특위 조사위원의 자격은 독립운동 경력이 있거나 절개를 견수하고 애국의 성심이 있는 자로 정의했다. 특별재판부에는 김병로 대법원장, 특별 검찰부에는 권승렬 검찰총장이 임명되었고 김상덕 위원장의 직속으로 40명의 특경대가 조직되었는데, 이들은 친일파가 장악한 경찰 소속이 아닌 내무부에서 차출되었다.

친일파는 서울에만 존재하는 게 아니었기에 아홉 개 도의 조사부에서 지역의 친일파를 검거하기 위한 만반의 채비를 갖췄다. 드디어 독립군과 친일파 간에 제2라운드의 서막이 올랐다.

"위원장님! 우선 검거 대상자는 친일파 군상에 명시된 263명을 기초로 작성했습니다."

"좋소이다. 그리고 알려지지 않은 놈들도 있을 터이니 국민의 적극적인 신고 접수도 받도록 하시오."

반민특위 출범 전부터 시중에는 마치 시험 족보처럼 악질 친일파 명단이 돌았는데, 임시정부 국무의원이었던 김승학이 작성한 친일파 군상이었다. 또한 각 지역에 신고함을 설치했는데, 목포에선 한 친일파에 대한 진정서가 무려 6천 통이 접수되었다.

반민특위 전남 조사관이었던 백재호 선생의 증언은 짧지만 당시 민심을 여실히 보여준다.

"절대적이었죠, 절대적이었습니다."

반민특위 사무실로 먹을 걸 가져오고 박수를 치는 국민의 열화와 같은 성원에 언론까지 동참하니 반민특위는 웅대한 꿈을 꾸기 시작했다.

"여러분 마음 저희도 잘 압니다. 마음 같아선 당장 잡아 처단하고 싶지만, 법의 절차를 따라야겠지요. 저들이 일제에 빌붙어 모은 재산도 환수하고, 죄가 있는 놈들은 반민족행위 처벌법에 따라 엄하게 벌을 받도록 하겠습니다. 조금만 기다려 주십시오. 심판의 날이 멀지 않았습니다."

반민족행위 처벌법의 주요 조항은 다음과 같다.

1조 : 한일합병 협력, 주권침해조약 조인 또는 모의한 자에게 사형 또는 무기징역과 재산 몰수.

2조 : 일본으로부터 작을 받거나 일본 제국 의원이 되었던 자는 무기징역 또는 5년 이상 징역과 재산 몰수.

3조 : 일제 고등경찰로서 독립운동자와 가족을 살상, 박해, 이를 지휘한 자는 사형, 무기징역 또는 5년 이상의 징역과 재산 몰수.

더도 말고 덜도 말고 대한민국의 국회에서 제정한 특별법에 따라 친일파가 처단된다면 독립운동을 하다 죽어간 독립투사들과 죽지 못해 살아남은 국민의 다친 마음을 조금은 보듬어줄 수 있을 거라고 모두가 기대했다.

전 국민의 눈길이 반민특위에 쏠린 가운데 제1호로 끌려온 인물은 악질 순사가 아닌 조선 최고의 기업가 박흥식이었다. 박흥식은 종로 한가운데 위치한 우리나라 최초의 백화점인 화신 백화점의 소유주이자 일본 제국주의의 든든한 돈줄이었다.

"총독 각하! 약소하지만 제가 돈을 좀 마련했습니다. 대일본 제국의 병사들이 몸을 던져 싸우는 데 미약하나마 힘을 보태고 싶습니다."

"아니! 이렇게나 많이? 대일본 제국은 공의 노고와 마음을 결코 잊지 않을 것입니다."

"별말씀을 다 하십니다. 제가 이렇게 악착같이 돈을 버는 이유가 다 대일본 제국의 번영을 위한 것인데요. 아, 그리고 그 옆의 작은 가방은 총독님께 드리는 제 마음입니다."

박흥식은 일제가 우리의 토지와 자원을 수탈할 목적으로 설치한 동양척식회사의 감사를 역임한 건 물론이고 태평양전쟁이 막바지에 접어든 1944년에는 '조선 비행기 공업'을 설립해 일본의 마지막 발악에 최선을 다해 지원을 아끼지 않았다.

"이봐! 어떨 것 같나? 일본이 지면 큰일인데? 설마 지지 않겠지? 일본이 어떤 나라인데. 그럼, 잘 될 거야! 내가 또, 돈 냄새는 귀신같이 맡으니까 말이야! 전쟁이 길어지면 결국에는 우리 일본이 이길 거야. 아니, 반드시 그렇게 될 거야."

박흥식은 체포영장이 발부되자 일본으로 도주하고자 사라졌으나 며칠 후 발각되어 반민특위 특경대에 붙잡혔다. 그리고 논리에 맞지도 않는 궤변을 토해냈다.

"야! 이 손 안 치워? 내가 무슨 친일파야? 나는 그저 사업가라고 사업가. 그리고 감히 네놈들이 날 재판할 수 있을 것 같아? 두고 보자고, 내 오늘은 일단 따라가 준다."

1949년 1월, 최린이 검거되었다. 그가 특별재판장에 들어서자 장내가 술렁였다.

"저 사람은 어쩌다 여기에 왔대?"

"원래 수단과 방법을 가리지 않고 싸워 이기려는 인간은 승산이 없다고 판단하면 쉽게 변절하는 법이여!"

"아무리 그래도 그렇지! 저 양반은 33인 중의 한 사람 아냐?"

친일파 최린이 들어선 재판장의 뒤에는 「독립선언문」이 걸려 있었는데, 최린이 포함된 33인의 이름이 선명히 적혀 있었다. 최린은 박흥식을 포함해 줄줄이 소환되는 친일파를 통틀어 거의 유일하게 자신의 죄를 인정했다.

"나를 여기서 재판하는 데 시간 낭비하지 말고 광화문 사거리로 끌고 가 황소 네 마리로 나의 사지를 찢어 죽이시오."

1949년 반민특위 재판 공판 모습

최린, 이광수 그리고 노덕술까지

—❈—

최린의 변절은 일제의 치밀한 공작에 의한 것이었다. 1921년 12월, 수감되어 있던 민족대표 중 일부가 가석방되었다.

"최린 선생님? 날이 많이 춥습니다. 일단 저희와 함께 가서 잠시 몸을 녹이시지요."

"당신 누구요?"

"선생을 해칠 작정이었으면 가석방도 없었을 겁니다. 안심하시고 가서서 잠시 저희 이야기를 들어보시지요."

1910년대 무단통치로 조선 백성을 억누르던 일제는 1919년 3.1 운동으로 충격에 빠졌다. 그리고 조선 2대 총독으로 부임한 사이토 마코토는 지금까지와는 다른 방법을 떠올리고 있었다. 그 방식은 온화해 보이지만 영속적인 지배를 위해선 더 효과적일 거라고 확신했다.

　"총통 각하! 저 악질 33인을 갈아 마셔도 모자랄 판에 가석방이라뇨? 이럴 때일수록 본때를 보여줘야 감히 다신 기어오를 생각을 못 할 것입니다."

　"일단 거기 좀 앉게. 자네는 조선이 왜 망했다고 생각하나? 다수의 백성이 몽매해서? 아니야, 소수의 지도층이 부패했기 때문이야. 반도에 사는 민초들은 왕이 자기들을 버리고 강화도로, 의주로 줄행랑을 쳐도 자기들이 사는 땅을 스스로 지켜냈어. 임진년에 우리가 왜 실패한 줄 아나? 자기 밥그릇 챙기기에 바빴던 명나라군 때문에? 전쟁을 예측하지도 못한 조선 조정이 느닷없이 각성해서? 아니, 이순신과 의병들 때문이지. 이번에는 같은 실수를 반복해선 안 되네. 조선을 대일본 제국에게 갖다 바친 게 누구인가? 소수의 조정 대신들 아닌가?"

　"그렇다면 어떤 방도로?"

　"조선인들은 천한 것들조차 아무리 밟아도 다시 일어나는 묘한 족속이야. 장터에 나와 만세를 부르는 기생들을 봤나? 이제는 다른 방법을 써야 해. 스스로가 귀하다고 여기는 자들이 오히려 포섭하기 쉽다네. 그리고 그런 자들이 대일본 제국의 편에 선다면 이 땅의 백성들이 받을 정신적 충격이 얼마나 클지 짐작이 가나? 지금 조선을 대표하는 자들이 33인 아닌가. 그들 중에 우리에게 협조할 만한 자 대여섯을 데려오게. 한 명만 넘어와도 우리에겐 남는 장사야."

최린은 그렇게 유다가 되었고 총독부의 기관지 〈매일신보〉 사장 자리에 올라 전국을 돌며 학도병 참여를 독려하는 연설을 했다.

"사장님! 오늘 연설도 감동적이었습니다. 특히 "조선과 일본은 하나다!"라고 외치실 때는 마흔이 넘은 저마저도 눈물이 핑 돌았습니다."

1926년 최린이 일본인 아베에게 쓴 편지를 보면 그의 변절 이유가 명확히 드러난다.

"오늘날 조선의 독립이 불가능하다는 데 확신하고 있으며, 조선의회 설치가 조선 민심의 안정을 꾀하는 데 가장 긴요하다고 생각합니다."

최린은 얄팍한 지식으로는 독립이 불가능하므로 자치권이라도 가져야 한다고 생각했다. 그러나 그가 호의호식하며 냉철한 판단을 내렸다고 스스로를 위로하던 순간에도 자신의 가정과 목숨은 버렸지만 독립은 포기하지 않은 독립투사들이 있었다.

독립투사들이 승산 적은 싸움을 이어나간 이유는 무엇일까?

독립이나 민주화 혹은 사회적 성공이든 뭔가를 반드시 쟁취하거나 상대방과 싸워 꼭 이겨야만 하는 사람들은 불리하다고 여기면 쉽게 포기하거나 심지어 변절한다. 만인의 행복이 아닌 자신의 승리를 위해서 말이다.

그러나 승리나 목표 달성에 의의를 두는 게 아니라 타인의 아픔에 공감하고 불의에 항거하기 위해, 그저 마음이 불편해서 일어난 사람들은 더 단단하게 오래 버틴다. 우리는 그것을 '양심'이라고 한다.

전자에 속하는 자들은 소위 말하는 기득권층인 경우가 많다. 2009년, 친일 반민족행위 진상규명위원회 당시 1,005명의 친일파 중 무려 313명이 일체 치하 최고위 직인 중추원 참의였음이 밝혀졌다.

문인 이광수가 체포되기 전날 반민특위 사무실에는 평소와 달리 무거운 기류가 흘렀다.

"정철용 조사관! 내일은 누구를 연행하기로 했소?"

"저, 세금정 자택에 있는 작가 이광수 차례입니다."

"……."

반민특위 위원장 김상덕은 한 살 아래였던 이광수에 대해 복잡한 심정이었다. 두 사람은 혈기왕성한 20대 시절 조선 독립이라는 꿈을 향해 함께 달려가던 친구이자 동료였다. 천재적인 글솜씨로 적진의 심장 도쿄에서 2.8 독립선언의 초안을 작성하던 그가 어찌해 반민특위의 법정에 섰는지 김상덕은 알 수 없었다.

"알겠소. 오늘도 수고들 하셨고, 내일도 수고들 하시오."

이광수 체포에 참가했던 정철용 조사관은 이광수의 입에서 회한이나 후회의 말이 아니면 최소한 변명이라도 나오길 기대했다. 그러나 이광수가 자택에서 끌려 나오며 쏟아낸 말은 통탄서린 탄식이었다.

"아! 해방이 1년만 늦었어도 우리는 모두 황국식민이 되었을 것인데, 참으로 안타깝구나."

화가 난 정철용 조사관이 창씨개명을 한 이광수를 향해 그의 일본 이름을 부르자 이광수는 '하이'라고 대답하며 자신의 정체성을 확실히 드러냈다.

"성전의 용사로 부름 받은 그대 조선의 학도여! 지원했는가. 무엇으로 주저하는가. 부모 때문인가. 충 없는 효 어디 있으랴?"

-1943년 <매일신보> 이광수 사설 중

고문 귀신이라 불리던 노덕술이 체포되던 날에는 그를 맞이하고자 수많은 군중이 거리로 뛰쳐나왔다.

"선생님! 저놈은 내게 주시오. 저놈은 내 손으로 쳐 죽여야 합니다."

"에라이! 일본 놈보다 더한 악귀 같은 놈아! 우리 아들 살려

내라. 네가 그러고도 멀쩡히 살아갈 거라고 생각했냐!"

"이놈아! 이 개만도 못한 놈아! 우리 누이 살려내라!"

당시 항간에는 일제 치하 독립군에 가한 고문 기술의 대부분은 일본인이 아닌 노덕술에 의해 개발되었다는 이야기가 떠돌았다. 노덕술에게 고문당한 생존자들은 고문당하는 것보다 더 힘든 건 순서를 기다리거나 고문당하는 동료를 지켜보는 것이었다며 당시를 고통스럽게 회고한다.

가난한 집에서 태어난 노덕술은 3.1 운동 이듬해에 말단 순사가 된다. 모두가 가난했지만 모두가 노덕술처럼 살진 않았다. 그보다 더 가난하고 어려운 환경에 놓인 사람들도 3.1 운동에 동참했다. 노덕술은 현실을 부정하고 세상의 정의를 외면하며 자신만을 위해 타인의 삶을 갈취하며 승승장구했다.

1945년 당시 평양경찰서장이었던 노덕술은 명백한 친일 행적으로 소련군에게 구금된 후 풀려나자 주저하지 않고 38선을 넘었다.

"빨갱이 새끼들하고는 같이 일을 못 하겠구먼."

당시까지 희미했던 선 아래 남한의 수도경찰청장은 고문 기술자 노덕술을 두 손 벌려 환영했다.

"아이고, 이게 누군가! 그동안 참으로 고생이 많았소. 이제 여기서 자네의 실력을 마음껏 발휘해 보게. 해야 할 일이 많아."

반민특위를 향한 대대적인 공세

— ❈ —

이념과 사상과 각자의 생각이 격돌하던 시절이었다. 권력자와 다른 생각을 품는 것만으로도 죄 없는 사람들을 마구 잡아들이던 암흑의 시기였다. 그래서 일어나선 안 되는 일들이, 꿈에서도 마주치기 싫은 장면이 현실이 되었다. 해방된 나라에서 친일파 경찰이 독립투사를 체포하는 망령된 일이 벌어진 것이다.

노덕술은 김원봉에게 모욕감을 주고자 체포 당시 화장실에 있던 김원봉에게 옷을 여밀 시간도 주지 않았다.

"어이, 김원봉! 그 유명한 의열단의 김원봉 맞지? 낄낄낄. 이렇게 만나니 반갑네."

"네 이놈! 일제의 앞잡이로 살아온 놈이 내가 누구라고!"

"이 양반이 아직도 사태 파악이 안 되나 보네. 나, 여전히 경찰 노덕술이야. 해방이 된다고 세상이 획 바뀌어서야 쓰나."

"무슨 일인지 모르겠으나, 나는 도망갈 이유도 없고 그러지도 않을 것이다. 바로 나갈 것이니 잠시만 기다려라."

"지랄하고 있네. 뭐 하느냐, 당장 끌어내지 않고!"

화장실에서 끌려 나온 김원봉에게 수갑이 채워졌고, 일본군조차 떨게 하던 의열단의 김원봉이 해방된 나라의 친일 경찰 앞에 무릎이 꿇렸다. 의열단 동료의 증언에 따르면, 김원봉은 친일 경찰에 당한 수모에 울음을 터트렸다고 한다.

"내가 조국의 독립을 위해 중국 땅에서 일본 놈들과 싸울 때도 이런 수모를 당한 적이 없네. 그런데 우리 땅에서 친일파 손에 수갑을 차고 뺨을 맞다니. 이럴 수가 있나?"

친일파, 특히 일제 순사에 대한 민심의 분노는 하늘을 찔렀다. 그러나 순항할 것만 같던 민족의 염원을 가득 실은 반민특위 호는 사실 출항 전부터 커다란 암초를 향해 달려가고 있었다.

"대한민국 법정에선 반공주의자를 처단할 수 없다. 나 같은 애국자가 어디에 있는가. 나는 밀정이 아니라 반공주의자다."

밀정 혐의로 체포된 이종형이 목소리를 높인 데는 믿는 구석이 있었다. 반민특위 출범을 20여 일 앞둔 어느 날, 서울 시내 한복판에서 '반공 구국 총궐기 정권이양 대 축하 국민대회'라는, 명칭도 요상한 대규모 집회가 개최되었다. 시위대의 구호를 들어보자.

"친일 청산은 나라를 분열시킨다!"

"친일파 척결을 주장하는 이는 모두 공산주의자다!"

이 대회는 과격 우익단체의 우발적 행동이 아니었다. 내무부 장관의 허가를 받고 국무총리와 대통령이 축사를 전달한 집회였다. 이런 식의 반공 대회는 반민특위 출범 후에도 이어졌다.

"민족을 분열하는 반민족 안을 철폐하라! 민족 처단을 주장하는 놈은 공산당의 주구다!"

파고다 공원에서 펼쳐진 반공 대회를 주도한 인물은 놀랍게도 서울시경의 사찰과장 최운하로 밝혀졌고 그는 즉시 구속되었다. 그러자 친일 경찰들이 최운하 과장의 구속에 집단 사표를 제출하며 실력 행사에 나섰다. 반민특위에 의해 자신들의 자리가 위태로워진 친일파들은 천인공노할 암살 계획도 수립했다.

"박 사장님! 이대로 우리가 죽어서 되겠소? 좋은 생각이 있긴 한데."

"돈이 필요하면 말만 하시오. 그나저나 믿을 만한 자는 있소? 아무래도 경찰 내부에서 움직이긴 부담스러울 텐데."

"백민태라고, 쓸 만한 자로 이미 준비해놨소."

"어찌할 작정이오? 계획이나 들어봅시다."

"역시 빨갱이로 모는 게 가장 쉽지 않겠소? 반민특위 간부 놈들을 싹 잡아다 38선 근처로 끌고 가 죽여버리고, 월북하려던 빨갱이 놈들을 잡으려다 우발적으로 죽였다고 하면 될 것이오."

"역시! 잘 알아서 하시오. 이런 일은 당신이 전문가니."

그러나 친일파들의 반민특위 위원 암살 계획은 백민태의 자수로 물거품이 되었다. 백민태의 진술에 따르면, 암살 계획은 노덕술의 주도로 박흥식 등이 계획했다고 한다.

반민특위를 향한 공세는 지지 세력 제거로 이어졌다. 반민법을 앞장서 제정한 소장파 국회의원들이 국가보안법 위반으로 긴급체포되었다.

"공산주의자들이 국회에도 암약하고 있는 게 최근 조사에서 발각되었습니다. 이들은 남로당의 빨갱이 프락치들로, 엄중한 조사가 필요합니다. 비록 국회의원이지만 변호인의 접견을 금지하고 헌병사령부에 수감해 철저하게 조사하도록 하겠습니다."

반민특위법을 통과시킨 국회의원들을 고문한 건 여전히 살아 숨 쉬는 친일파들이었다. 세 차례에 걸쳐 열다섯 명의 국회의원이 구속되었다.

치욕의 역사에 기여한 자들의 부활

1949년 6월 6일은 반민특위를 향한 총공세가 이뤄진 무겁고 슬픈 날이다. 경찰이 반민특위 본부를 습격해 특경대원들의 총기를 압수하고 반민특위 전원을 연행했다. 반민특위에서 검거한 반민족행위자 688명 중 1/3이 친일 경찰이었다.

척결 대상이 가장 큰 무력을 갖고 있었지만, 경찰 윗선의 비호가 없었다면 감히 취할 수 없는 행동이었다. 대한민국 경찰을 움직여 반민특위라는 헌법 기관을 무력화시킬 수 있는 사람은 단 한 명이다.

이승만 대통령은 이틀 후인 6월 8일, 반민특위 해체를 자신이 지시했다고 〈AP통신〉과의 인터뷰에서 자백했다.

"내가 특별경찰대를 해산시키라고 경찰에게 명령한 것이다.

현재 반민특위에 의한 체포의 위협은 국립경찰에 중대한 영향을 미치고 있다."

같은 달 26일 일명 '6월 총공세'의 정점을 찍는 사건이 발생한다. 백범 김구가 안두희에 의해 암살당한 것이다. 배후로 만주군 출신 장은산이 지목되었고 친일파 일본 헌병 출신이자 특무대장 김창룡 등이 그의 뒤를 봐줬다고 하나, 누구도 처벌되지 않았고 진실은 끝내 규명되지 않았다.

당시의 대한민국에선 사건의 해결이 필요하지도, 더러운 사실이 밝혀질 필요도 없었기 때문이다. 김구를 쏜 자들은 세월이 지나면 미스터리라는 이름으로 포장될 것을 알고 있었기 때문이다.

1949년, 대한민국 정부는 반민특위법의 공소시효를 1950년에서 1949년 7월로 단축시키는 법 개정을 실시했다. 한 달 동안 반민특위 위원들이 할 수 있는 일은 없었다. 결국 9월 5일, 반민특위는 기념 사진 한 장을 남기고 대한민국 역사에서 사라졌다. 반민재판부에 소환된 680여 명의 친일 매국노 중 재판에 회부된 인물은 고작 41명이었고, 그마저도 대부분 무죄로 풀려났다. 치욕의 역사에 기여한 인간들의 완벽한 부활이었다.

매국 친일파 중 가장 인상 깊은 인물은 이토 히로부미의 양자로 불렸던 박중양이다. 그는 3.1 운동 때 만세를 자제하자고 자제단 단장으로 활동하며 총독부의 훈장을 받았고, 일본이 벌

이는 각종 전쟁을 지원하고자 조선 임전보국단에서 최선을 다하더니, 마침내 단 일곱 명의 조선인에게 자리를 허용한 일본 제국의회 귀족원에 입성했다.

그는 일제 치하 높은 자리에 있으며 뇌물을 받지 않는 청백리로도 이름을 떨쳤는데, 조선인의 몸에 일본인의 영혼이 인식된 완벽한 일본인이었다. 생전 그가 남긴 말을 통해 그의 생각을 가늠해볼 수 있다.

"존경하는 가쓰라 다로 수상에게, 하루라도 빨리 일본은 조선을 합병해 이를 행할지라도 한인은 반항할 실력이 없으니 염려하지 마십시오."

"나는 친일은 했으나, 민족 반역자는 아니다."

"그렇소! 나 친일파요. 그러나 조선보다 문명국인 일본의 통치가 훨씬 좋은 것이오. 이완용은 매국노가 아니라 백성을 구한 사람이오. 친일이 곧 애국이오."

대한민국은 친일파에 대한 물리적 처벌에도 실패했고, 매국 친일파의 정신적 단절도 이루지 못했다. 초개와 같이 목숨을 버린 독립운동가들을 무슨 낯짝으로 대할 것인가?

단순한 과거의 회한이 아니다. 독도가 지워지고 있고 독립운동가의 흔적이 희미해지고 있는 실재하는 위기다.

대한민국의 독립운동은 아직 끝나지 않았다.

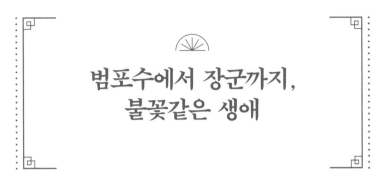

범포수에서 장군까지,
불꽃같은 생애

1994년 8월 29일, 카자흐스탄의 한 마을에 사는 고려인 할머니가 보낸 탄원서가 대한민국에 도착했다.

"우리 할아버지의 유해를 대한민국으로 봉환해 주십시오. 우리 할아버지는 독립운동을 하다 아내와 두 아들을 잃고 이곳 카자흐스탄에서 죽어, 고국으로 돌아가지 못하고 있습니다."

탄원서의 주인공은 홍범도 장군이었다. 일명 '장군의 귀환'으로 명명된 그의 유해 송환 과정을 살펴보기 전에, 그가 왜 카자흐스탄에서 죽음을 맞이했는지 알아야 할 것이다.

청년 홍범도의 특출난 재능

— ❈ —

홍범도는 1868년 평양에서 태어났다. 그가 태어난 지 일주일 만에 어머니가 돌아가셨고, 아기는 동네 사람들의 젖을 얻어먹고 자랐다. 아홉 살이 되던 해에 아버지마저 돌아가시자 소년은 남의 집 머슴살이를 하며 살아가야 했다.

하루도 거르지 않고 끼니와 사투를 벌여야 했다. 지칠 법도 하지만 생에 대한 인간의 집념은 생각보다 질기다. 어떤 고생과 고통도 견딜 수 있었지만, 허기는 늘 적응이 되지 않았다.

열다섯 살 되던 해 밥을 준다는 방을 보고 평안 감영의 나팔수로 입대했다. 나이를 속일 수 있었던 건 큰 키 덕분이었다. 상습적인 구타의 이유는 치졸했지만 허기는 면할 수 있었다.

군 생활 내내 홍범도를 가장 괴롭힌 건 살기 위해 난을 일으킨 백성을 진압하러 나가는 일이었다. 순박한 그들이 왜 곡괭이와 낫을 들어 올렸는지 그는 누구보다 잘 알고 있었다. 스무 살 되던 해에 악질 간부를 두들겨 패고 탈영했다.

세상을 떠도는 건 어려운 일이었지만, 탈영병이 자리를 잡는 일은 더욱 요원했다. 믿을 건 타고난 힘이고 내세울 건 젊음뿐이었던 그는 제지소에서 겨우 일자리를 얻었다. 그러나 제지소 사장은 그의 처지를 눈치챈 후 월급을 체납하고 때리기까지 했다. 제지소 사장은 그가 탈영병인 건 알았으나 탈영의 이유는 몰랐다. 범도는 악덕 사장을 곤죽으로 만든 후 다시 길을 나섰다.

길의 끝에 금강산의 신계사가 있었다. 지담대사는 청년 범도의 재능을 알아봤다. 혈기 넘치는 장정을 붙잡고 그의 정신을 풍요롭게 할 만한 이야기들을 날마다 들려줬다. 청년 범도는 특히 이순신 장군의 이야기를 좋아했다.

1년 후, 절에서 만난 여인과 마음이 통한 그는 아내의 고향인 함경도로 향했다. 어차피 범도는 돌아가고 싶은 고향도, 만나야 할 친척도 없는 처지였다. 홍범도는 자신이 갖지 못했으나 자신이 이룬 가족을 먹여 살리고자 사력을 다했다.

농사만으로는 돈이 부족했다. 군대에서 배운 총 솜씨로 포수일도 함께했다. 범도는 유능한 포수였다. 일대에 그의 총 솜씨를 모르는 이가 없었고, 그 덕에 가족을 먹여 살릴 수 있었다.

일본군을 잡기로 결심한 홍범도

홍범도의 짧은 행복은 1907년 정미의병의 발발과 함께 끝났다. 일본이 고종을 강제로 퇴위시키고 군대를 해산시킨 것에 저항해 전국 곳곳에서 의병이 일어났다. 의병의 확산을 막고자 일본은 포수들의 총기마저 회수하기로 결정했다.

홍범도는 총을 내주는 대신 호랑이를 잡던 총으로 일본군을

홍범도

잡기로 결심한다. 그렇게 뜻이 통하는 인근의 포수들을 모아 본격적인 의병 활동에 돌입했다. 홍범도는 일제의 공관이나 금광, 매국노 부자들을 공격하며 연전연승을 거둔다.

산악 지역을 거점으로 치고 빠지는 게릴라전을 펼치는 홍범도의 공격에 일본은 속수무책이었다. 60여 차례의 출동에서 단한 번도 실패하지 않았다. 산에서 범을 잡으러 다니던 명사수를 산세도 어두운 일본군이 잡는다는 건 쉬운 일이 아니었다.

홍범도를 잡을 수 없다는 결론에 도달한 일본군은 쉽지만 효과적이며 비인도적인 방법을 선택한다. 산 아래 머물고 있던 홍범도의 아내를 연행해 온 것이다. 그리고 홍범도의 근거지를 비롯한 정보를 캐내고자 갖은 고문을 행한다.

"네 이년! 네 남편이 있는 곳을 불지 않으면, 네 년이 보는 앞에서 네 아들을 죽여버리겠다."

홍범도의 부인은 일본군의 고문에 끝내 사망하고 만다. 그들은 여기서 멈추지 않고 홍범도의 아들을 앞세워 산으로 향한다. 아들의 손에는 어머니의 죽음을 비롯해 가족들이 겪고 있는 고초가 담긴 편지가 있었다.

한 손에 편지를 들고 애타게 아버지를 부르는 아들을 바라보는 홍범도의 선택은 무엇이었을까? 산 위의 홍범도는 산 아래에 있는 아들을 향해 총을 쏘았다. 만약 홍범도가 백기투항하고 일본군에게 자수한다면, 일본군은 나머지 의병들의 가족에게도 같은 짓을 저질렀을 것이다.

"아들아, 미안하다."

반전이 있었다. 명사수 홍범도가 쏜 총알은 아들의 귀를 스쳤고, 그는 훗날 아버지의 뒤를 따라 독립군이 된다.

일본의 작전은 절반의 성공을 거뒀다. 조선에서 의병 활동이 어려워진 홍범도는 1908년 아들을 데리고 러시아 땅인 연해주로 떠난다.

일본의 강경한 진압 작전으로 국내에서 활동이 어려워진 의병들은 국경을 넘어 연해주, 간도 등에 정착했다. 낮에는 군자금을 마련하고자 농사를 짓고 밤에는 군사훈련을 하는 고된 이중 생활을 해야 했다. 입을 것, 먹을 것 아껴 돈이 생길 때마다 무기를 구매하며 결사항전의 의지를 이어 나갔다.

그러나 무기에 문제가 많았다. 매장에 진열되어 있던 총과 총알을 맞게 사 오는 게 아니라 암시장에서 그날 나온 총과 총알을 사다 보니 서로 호환이 안 되는 경우가 허다했다.

1919년, 심신이 지친 홍범도와 의병을 일으켜 세우는 소식이 고향 땅에서 들려왔다. 백성이 총칼도 없이 맨손으로 일으킨 3.1 운동이 강토를 뒤흔들었다. 독립은 결코 무력만으로 이룰 수 있는 게 아니었다. 민중의 힘이 뒷받침되어야 했다.

"참 답답하네! 그 시장에서 백날 만세 부르면 뭐 하냐! 독립이 그런 것 때문에 되겠냐!"

당시 일본은 이렇게 말하며 들불처럼 타오른 3.1 운동의 기세를 어떻게든 꺾어보려 했고, 뒷방에 숨어 수많은 유관순을 바라보기만 하던 비겁한 이들의 변명거리가 되어줬다.

3.1 운동에 힘을 얻은 홍범도는 간도에서 군사 활동을 재개하며 대한독립군 대장이 되기에 이른다. 대한독립군은 부족한 무기와 더 부족한 군사로 전략상 게릴라전을 펼쳤지만 상당한 전과를 올린다. 호랑이를 잡던 홍범도가 다시 부활한 것이다. 일본군은 국경 너머 중국 땅에 주둔하고 있는 홍범도 장군을 잡기 위해 최정예 부대를 투입하기로 결정한다.

월강추격대 vs. 대한독립군

—❈—

일본의 최정예 부대 월강추격대에겐 한 가지 찜찜한 점이 있었다. 강을 건넌다는 건 중국의 국경을 무단 침입한다는 것이다. 일본군은 대한독립군을 얕잡아 보고 섣부른 결정을 내린다.

'중국 몰래 국경을 넘어 당일치기로 홍범도의 대한독립군을 궤멸시키고 돌아오면 크게 문제 될 게 없다.'

월강추격대와 대한독립군의 전면전이 시작되었다. 그 장소는 바로 봉오동이다. 자신감을 넘어 우월감에 사로잡힌 월강추격대는 강뿐만 아니라 언덕과 산을 넘어 총공세를 펼쳤다.

"저 조센징 놈들 도망치는 꼴 좀 봐라. 추격해서 섬멸하라!"

그러나 이는 홍범도 장군이 치밀하게 계획한 작전이었다. 봉오동은 삿갓을 뒤집어 놓은 모양의 지형이다. 죽기 위해 불길로 달려드는 모기떼 같은 일본군이 이 삿갓의 뒤집어진 꼭짓점 부분에 다다랐을 때, 홍범도 장군의 한마디가 떨어졌다.

"전군, 사격하라!"

대한독립군의 기습 공격에 혼비백산한 일본군은 속수무책으로 당할 수밖에 없었다. 일본군이 선택할 수 있는 작전은 단 하나, 삼십육계 줄행랑이었다. 월강추격대는 두 갈래로 나눠 도망치기 시작했다.

이때 홍범도 장군도 의도치 않은 비와 안개가 봉오동 일대를 뒤덮었다. 안개는 대한독립군과 일본군의 시야를 공평하게 가렸다. 대한독립군이 추격을 잠시 멈췄다고 생각했을 때 안개 저편에서 한 무리의 군사가 희미하게 모습을 드러내자 일본군은 일제 사격을 감행했다. 그러나 안갯속 군대의 정체는 두 갈래로 도망치던 또 다른 일본군 무리였다.

봉오동 전투의 의의는 최초의 한일 양국 정규군 싸움에서 우리가 승리를 거뒀다는 데 있다.

봉오동 전투 4개월 뒤, 일본은 무려 2만의 병력을 동원해 전투 아닌 전쟁을 치르기로 결정한다. 승산이 없다고 판단한 홍범도 장군은 백두산으로 이동한다. 그렇게 대한독립군이 백두산으로 전략적 이동 중 맞부딪힌 일본군을 물리치는 곳이 다름 아닌 청산리다.

청산리에서 홍범도 장군은 김좌진 장군과 합동 작전으로 대승을 거둔다. 청산리 대첩은 단 한 번의 전투를 지칭하는 게 아니라 인근에서 벌어진 총 열 차례의 전투를 통칭해 일컫는다. 김좌진 장군의 청산리 대첩으로 알려져 있지만 홍범도 장군의 지분도 상당하다.

간도는 중국 땅이지만, 일본의 수탈로 수많은 우리 백성이 넘어가 인구의 70퍼센트 이상을 차지하며 대형 한인 사회가 형성된 지역이었다. 또한 우리 의병들이 국내 진공 작전을 펼친 베이스 캠프이기도 하다. 봉오동 전투와 청산리 대첩도 간도 주민들의 도움이 없었다면 불가능했을 것이다.

이런 간도는 일본군에게 눈엣가시였다. 그러나 중국 영토였기에 함부로 출정을 감행하기 어려운 상황이었다. 일본군은 간도를 비롯한 중국 땅에 있는 우리 독립군의 토벌을 중국 당국에 요청했으나, 중국군은 우리 독립군이 떠난 진영만 파괴하는 선에서 그치고 협조하지 않았다.

"중국이 이렇게 나오면 우리도 다 생각이 있다."

일본은 간도의 민간인 학살 작전을 수립한다. 1920년 8월 소위 '간도 지방 불령선인 초토 계획'을 수립한 그들에게도 명분이 필요했다.

"명분이 없으면 만들어라!"

일제의 돈에 매수된 중국 마적이 훈춘의 일본 영사관을 습격했다. 이때 수십 명의 일본인과 한국인 순사가 사망한다. 일제는 조작된 '훈춘 사건'으로 스스로 명분을 만들어냈다.

일본은 중국에게 자국민 사망에 대해 형식적으로 진상 규명을 요구하고, 중국 당국의 답변을 듣기도 전에 간도로 일본군을 보냈다.

사망자에 대한 의견이 통계마다 다르지만 3,700명의 우리 백성, 명백한 민간인이 일본군에 의해 학살당했다. 홍범도 장군의 둘째 아들도 이때 사망했다. 방화와 살인이 동반된 참혹한 전쟁범죄가 발생했다.

당시 현장을 목격한 독립운동가 박은식 선생의 탄식으로 현장의 모습이 생생히 전해진다.

"그들의 장교라는 것들이 많은 병사를 지휘해 각 부락의 민가, 교회, 학교를 비롯해 수만 석의 양곡을 불태워버렸다. 그리고 우리 겨레라면 남녀노소 가리지 않고 총으로 쏴 죽이고, 칼로 찔러 죽이고, 몽둥이나 주먹으로 때려 죽였다. 산 채로 땅에 묻기도 하고 불로 태우고 가마솥에 넣어 삶기도 했다. 코를 뚫고 갈빗대를 꿰며 목을 자르고 눈을 도려내고 껍질을 벗기고 허리를 자르며 사지에 못을 박고 손발을 끊었다. 사람의 눈으로 차마 볼 수 없는 짓을 그들은 무슨 재미나는 일이라도 하는 것처럼 했다. 할아버지와 손자가 동시에 죽임을 당하기도 하고, 부자가 한자리에서 참혹한 형벌을 당하기도 했다. 남편을 죽여 아내에게 보이기도 하고, 아우를 죽여 형에게 보이기도 했다. 죽은 부모의 혼백 상자를 갖고 도망가던 형제가 일시에 화를 당하기도 했으며, 산모가 포대기에 싸인 갓난아기를 안은 채 숨지기도 했다."

홍범도가 고려인 1세대가 된 연유

—— ❀ ——

간도 참변 이듬해인 1922년, 홍범도 장군은 뜻밖의 장소에서 모습을 드러냈다. 그는 일제의 치졸하고 야만적인 작전에 맞서기 위해선 독립군보다 더 큰 화력이 필요하다고 생각했다. 때마침 홍범도의 능력을 높이 산 러시아가 자신들의 혁명군에 협조하면 조선 독립투쟁에 군사력을 지원하겠다고 설득했고, 홍범도 장군은 어떠한 금전적 요구나 개인의 명예를 위한 게 아닌 오직 나라의 독립을 위해 응했다.

그러나 러시아의 배신과 독립군의 분열로 홍범도 장군은 농부가 되어 러시아에서 살게 되었다. 홍범도 장군이 고려인 1세대가 된 연유다.

홍범도 장군의 고단한 삶에 또 다른 불행이 닥쳐왔다. 러시아는 곳곳에 흩어져 있던 조선인을 강제로 모아 카자흐스탄으로 이주시켰는데, 그때 강제 이주된 고려인의 숫자는 무려 17만 명에 달했다. 열악한 환경에서 기차를 타고 40일 넘게 이동하던 중 무려 500명이 사망했다.

한때 독립군 장군이었던 홍범도가 도착한 카자흐스탄의 시골 마을은 황무지 그 자체였다. 홍범도는 고려인들과 땅을 개간하고 농부로 살아갔으며, 말년에는 극장의 수위가 되었다.

그는 의자에 앉아 이따금 고국 하늘 쪽을 멍하니 바라봤다. 고려인들이 만든 극장의 사장 부부가 그들의 정신적 지주인 홍범도 장군에게 내어준 의자였다.

1943년, 75세의 나이로 타향도 아닌 타국에서 쓸쓸히 죽음을 맞이하며 그가 남긴 유언은 "해방이 되면 나를 꼭 조국에 데려가 주오."였다.

2021년 8월 14일, 장군의 유해봉환을 위해 대한민국 공군의 다목적수송기 KC-330 시그너스가 카자흐스탄으로 향했다. 장례 절차에 따라 파묘식과 유해봉환식이 진행되었고, 장군의 이름이 명명된 거리, 생의 마지막을 보냈던 고려극장 등을 동포들과 함께 돌았다.

다음 날인 8월 15일, 홍범도 장군의 영정 사진을 안은 조진웅이 탑승한 공군 수송기가 대한민국 상공에 진입했다. 이때 어디선가 나타난 대한민국 전투기 여섯 대가 홍범도 장군의 유해가 실린 수송기를 호위하기 시작했다. 대한민국 탑건의 묵직한 말이 이어졌다.

"조국의 독립을 위해 평생을 헌신하신 홍범도 장군을 모시게 되어 영광입니다. 지금부터 대한민국 공군이 안전하게 호위하겠습니다. 필승!"

홍범도 장군을 비롯한 독립운동가들의 시간은 과거가 되었지만, 과거를 묻어버릴 것인지 미래로 도약할 발판으로 삼을 것인지는 현대를 살아가는 우리들의 몫이다.

‖ 4장 ‖

1,500년의
시간을 건너는
음모론의 실체

영원히 풀리지 않는 미스터리,
경종 독살설

조선의 제19대 왕 숙종의 재위 기간(1647~1720)은 48년이고, 제21대 왕 영조의 재위 기간(1724~1776)은 무려 52년이다. 그러나 숙종과 장희빈의 아들이자 영조의 이복형인 제20대 왕 경종의 재위 기간은 4년밖에 되지 않는다.

　33세에 왕위에 오른 경종의 죽음에는 항상 독살설이 따르는데, 배후에 이복동생이자 자신의 아들을 죽인 영조의 그림자가 짙게 드리워져 있다. 경종 독살을 주장하는 이들은 크게 두 가지 정황 증거를 거론하는데, 당시 세제였던 영조의 정치적 입지와 경종 사망 당일에 영조가 취한 의학 조치다. 당시의 정치 상황을 들여다보기 위해선 숙종 대로 거슬러 올라가야 한다.

강력한 왕권을 가진 숙종의 유일한 고민

———❖———

숙종은 조선 역사상 가장 강력한 왕권을 행사한 대표적인 왕이다. 그의 무기는 다름 아닌 환국이었다. 환국은 시국 또는 판국을 바꾼다는 뜻인데, 숙종은 집권당을 일시에 바꿔버리는 환국을 재위 기간 내내 단행했다.

경신환국(1680)으로 서인을 등용했고, 기사환국(1689)으로 남인을 등용했으며, 다시 갑술환국(1694)으로 서인을 등용하는 식이었다.

집권 세력들이 안심할 만하면 판을 뒤엎어버리니 신하들의 충성도가 높아질 수밖에 없었다. 그러나 이 환국에는 치명적인 문제가 있었다. 궁에서 밀려나는 세력은 퇴진에서 그치는 게 아니라 세상을 하직하게 되었던 것이다. 환국이 반복되다 보니 양자 간 감정의 골은 깊어질 수밖에 없었고, 정권에서 밀려나는 건 곧 죽음을 의미했다.

강력한 왕권을 가진 숙종의 유일한 고민은 후손이 없는 것이었고, 이를 해결해준 이가 바로 장희빈이다. 숙종은 보위에 오른 지 14년 만에 희빈 장씨와의 사이에서 훗날 경종이 되는 이윤을 봤고, 숙종은 이윤이 태어난 지 석 달 만에 원자로 책봉한다. 조선에서 임금으로 가는 과정은 왕자-원자-세자-임금이었다.

그러나 탄탄대로를 걸을 것만 같던 세자에게 첫 번째 위기가 닥쳐온다. 1701년, 무고의 옥으로 어린 세자의 친모인 장희빈에게 사약이 내려졌다. 장희빈 사망 당일을 잠시 살펴보자.

장희빈이 죽기 전 행한 끔찍한 일은 사도세자의 죽음으로까지 이어지는 무서운 나비효과를 일으킨다. 어린 세자는 울며불며 신하들의 가랑이를 잡고 늘어진다.

"제발 아바마마에게 내 어미를 살려주라고 말해주게. 그리하면 내 평생 은혜를 잊지 않겠네."

세자 이윤을 뿌리친 이들은 노론이고, 울고 있는 어린 세자를 일으킨 쪽은 소론이다. 한편 장희빈은 죽기 전 마지막 소원으로 숙종에게 청을 올린다.

"전하! 마지막으로 세자를 한 번만 보고 싶습니다."

그렇게 죽음을 앞둔 어미와 그 죽음을 안고 살아가야 할 아들이 상봉한다. 세자는 서럽게 울며 장희빈에게 달려갔고, 그 순간 벌어진 충격적인 일에 궁이 발칵 뒤집히고 만다.

조선 후기 문신 이문정은 장희빈 사건부터 경종 재위 기간의 일을 기록한 역사서인 『수문록』에서 그 찰나의 순간을 이렇게 기록했다.

"희빈은 악독한 말을 쏟아내면서 세자의 아랫도리를 침범했다. 세자는 그 자리에서 기절했다."

장희빈의 악독한 말은 "내 이 두 손으로 이씨의 대를 끓어버리겠다."였다. 세자 이윤은 경종으로 등극한 후 죽는 날까지 자식을 낳지 못했으며, 경종 즉위 후 청나라 측에서 경종의 병에 대해 묻자 조선의 사신은 '위'라고 대답했다. 위는 아이를 가질 수 없는 몸이라는 뜻이다.

어린 세자가 받았을 충격은 감히 상상하기 어렵다. 설상가상으로 세자를 못마땅하게 여기는 노론과 강력한 군주이자 아버지인 숙종의 눈치도 봐야 했다.

조선 후기의 문신 민진원이 저술한 『단암만록』에 따르면, 숙종은 세자가 뜻에 조금만 어긋나도 장희빈을 들먹거리며 꾸짖었다고 한다.

"누구의 자식인데, 어찌 그렇지 않겠는가?"

세자 이윤이 친모 장희빈 사후 버텨야 했던 20년은 그를 정신적으로 병들게 하고 육체적으로 탈진시켰다.

노론에게 손발이 묶인 경종
— ✾ —

경종은 이런 세월을 버틴 대가로 33세에 반쪽짜리 왕위에 오른다. 노론이 육조와 비변사, 승정원은 물론이고 의정부와 삼사까지 완전히 장악한 상태였다. 경종이 즉위한 해에 천재지변으로 궁의 문이 손상되고 흉년이 들자 노론의 공격이 시작되었다. 주상의 덕이 부족하다는 것이었다.

노론 유생 하나가 신사년 처분(장희빈에게 사약을 내린 일)이 역사에 드문 옳은 행위라는 주장을 펼치기까지 했다. 이 정도면 막나가자는 거다. 그러나 실권을 장악한 노론은 선비의 사기를 꺾어선 안 된다는 궤변으로 경종을 시험에 들게 한다. 경종이 대로는커녕 유생의 주장에 수긍하자 노론은 본격적으로 경종의 손발 묶기에 나선다.

경종 1년 8월, 신하 김창집이 "성상께서 춘추가 한창 젊으신데 아직껏 저사가 없으시니, 신은 대신으로 있으면서 주야로 걱정이 됩니다."라며 말문을 열자 조영복이 본색을 드러낸다.

"대신들과 여러 신하의 말은 모두 종사의 대계를 위한 것이니 청컨대 속히 윤종하소서."

노론 신하들이 주장한 건, 놀랍게도 경종의 이복동생인 연잉군(당시 28세)을 왕세제로 봉하라는 것이었다. 왕의 나이 이제 막 서른을 넘었고 즉위한 지 10년이 지나지도 않았는데, 동생을 세제로 정하라는 건 그야말로 왕을 능멸하는 것이었다.

연잉군이 누구인가? 훗날 영조가 되는 그는 무수리 출신인 숙종의 후궁 최씨의 아들이다. 인현왕후를 따라 궁에 들어와 무수리에서 후궁이 된 최씨는 장희빈에게 사약을 내리게 한 결정적 고변을 한 인물이다. 사가였다면 경종과 연잉군 두 사람은 원

수라고 해도 무방하다.

노론 신하들의 요구에 경종이 말까지 더듬으며 그리하라고 대답하자, 노론은 대비의 허락까지 요구한다. 노론 자신들조차 역모에 준하는 행위라는 걸 인지했기에, 여론 회피용과 역모 면피용으로 대비의 허락이 필요했던 것이다.

노론 신하들은 경종을 대비전으로 밀어 넣은 것도 모자라 밖에서 기다리며 경종을 압박했다. 잠시 후, 경종이 대비가 합의한 교지를 들고 나와 신하들에게 넘겨줬다.

"여기 있소!"

노론은 고삐를 늦추지 않았다. 연잉군을 세제로 올린 지 두 달도 지나지 않은 경종 1년 10월 10일, 야심한 시각을 틈타 네 명의 노론 핵심 신하가 궁으로 들이닥쳤다.

"전하께서 세제를 불러 곁에 모시고 참여해 듣게 하면, 반드시 나랏일에 도움 되는 바가 있을 것입니다."

네 명의 신하들은 막 왕위에 오른 30대 초반의 왕에게 뒤로 물러나고 동생에게 대리청정을 하라고 압박하고 있는 것이었다. 경종이 이것마저 허락한다면 스스로 왕위를 포기하는 것이나 마찬가지였다. 경종의 선택은 무엇이었을까?

"내가 이상한 병이 있어, 10여 년 이래로 조금도 회복될 기약이 없다. 대소의 국사를 모두 세제로 하여금 재단하게 하라."

경종은 노론이 자신과 친모의 죽음을 능멸해도 참더니, 간과

쓸개까지 내주며 정치적 자살을 시도하는 사람처럼 보였다. 그러나 경종은 세자 시절 4년간의 대리청정을 무리 없이 소화해낸 준비된 왕이었다. 비록 어린 시절 겪은 트라우마가 심신에 심각한 영향을 줬으나, 그 경험으로 정치 9단이 되었다. 또한 300년 넘게 이어진 왕가의 피가 몸에 흐르고 있었다.

그는 노론에게 바짝 엎드린 척하며 반격을 준비하고 있었다. 노론이 행한 신하의 도를 넘는 요구는 소론에게 공격의 빌미를 제공했다. 경종은 느리지만 정확한 자리에 자신을 지지하는 소론의 인재를 등용하기 시작했다. 그리고 신하 김일경의 상소를 신호로 신축환국을 전격적으로 단행한다.

"승정원과 삼사에서 임금을 업신여기고 무엄하게 군 죄도 징토를 더하시어, 감히 다신 일어나지 못하게 해야 합니다. 오늘날 국세가 위태로움은 바로 김창집이 권세를 놓지 아니하는 데 있습니다. 그를 비롯한 사흉(야밤에 궁에 들이닥쳐 경종에게 대리청정을 요구한 네 명의 신하)을 엄히 처벌하시어…."

"그래? 경들의 뜻이 그러하다면, 이를 기회 삼아 나라를 다시 바로 세워야 할 것이다."

노론은 소론의 공세는 예상했을 것이나, 경종의 돌변은 미처 예상하지 못했을 것이다. 경종의 신축환국으로 사흉인 영의정 김창집, 좌의정 이건명, 영중추부사 이이명. 판중추부사 조태채는 귀양길에 오른다.

목호룡의 고변에 대하여

—❈—

신축환국 이듬해에는 경종에게 노론의 파직에 이어 그들의 목
숨을 거둬갈 명분이 주어지는 사건이 발생한다.

"주상 전하! 목호룡의 고변이 있어 아뢰옵니다."

목호룡, 이름부터 심상치 않은 이 인물은 풍수지리에 능한
지관으로 왕실의 토지를 관리했다. 그는 노론 대신들의 자제와
친분이 깊은 인물로, 노론이 세운 경종 암살 계획을 알게 되었

다. 목호룡의 고변은 구체적이어서 더 충격적이었다.

노론은 경종을 살해하기 위한 세 가지의 긴급한 계획, 즉 '삼급수'를 세웠다.

첫 번째 대급수는 자객을 보내는 것이었고, 두 번째 소급수는 궁녀를 매수해 음식에 독을 타는 것이었으며, 마지막 평지수는 숙종의 유언을 조작한다는 것이었다. 이미 신축환국으로 칼을 뽑아 들었던 경종이다. 더 이상 망설이거나 머뭇거릴 이유가 없었다.

"조선이 노론의 나라인가? 진상을 철저히 조사해 관련자를 엄벌에 처하도록 하라."

1772년 임인년에 일어난 이 일을 임인옥사라고 한다. 귀양가 있던 사흉을 포함한 노론의 주요 가문이 멸문지화에 이른다.

임인옥사의 국문 과정 중 드러난 일이다. 노론이 연잉군을 왕으로 추대하려고 했고, 대비 또한 노론의 뜻에 지지 내지 최소한 암묵적인 동의를 표했다.

더 이상 즉위 초기의 경종이 아니었다. 위엄 있는 군주로 돌변한 이복형 경종의 처분을 기다리던 연잉군은 제 발로 경종을 찾아간다.

"신이 어찌 세제의 자리에 머물러 있을 수 있겠습니까?"

이때 연잉군이 흘린 눈물은 참회의 눈물이었을까, 살기 위한 악어의 눈물이었을까, 한 명의 인간으로 느낀 공포의 눈물이었을까. 정권을 잡은 소론 신하들은 폐세제를 주장하고 나섰다.

경종은 다시 선택의 기로에 섰다. 사사로이는 어머니의 복수와 자신의 안위를 생각해야 했을 것이고, 군주로선 나라의 앞날을 염두에 둬야 했다.

경종은 장고 끝에 연잉군을 살려두기로 할 뿐만 아니라 세제의 자리에서도 끌어내리지 않는다. 경종에겐 선택지가 많지 않았고, 궁에서 살아남고자 강력한 왕이 되어야 했지만 심성 자체가 선했을 것이다.

경종이 양자를 들이려 한다는 소문도 있었다. 그러나 이 또한 새로운 분란과 환국을 일으킬 가능성이 농후했다. 연잉군은 경종의 선택으로 목숨을 건졌을 뿐만 아니라 경종의 뒤를 이어 왕위에 오른다. 그러나 연잉군은 왕위에 오르기 전까지 또는 경종이 죽기 전까진 심리적으로 쫓길 수밖에 없었다.

"형님이 나를 용서하셨구나, 이제 안심이다. 왕위를 물려받을 때까지 조용히 지내자. 아니다, 형님의 마음이 언제 변할지 모른다. 형님의 의중이 변하지 않더라도, 소론 신하들이 나를 가만히 두지 않을 것이다. 평생을 불안에 떨며 살 수는 없다. 차라리…."

경종은 과연 독살당한 걸까

—❈—

경종 사망 당시인 1724년 8월로 가보자. 무더위 때문이었을까, 그간 쌓인 피로의 누적 때문이었을까. 경종은 입맛을 잃기 시작하더니 점차 기력을 잃어갔다. 실록의 기록을 살펴보자.

"임금의 병환이 여러 날 동안 낫지 않아 수라 올리는 것마저 싫어하셨는데, 이날은 한열의 징후까지 있어 약방에서 입진했다."

경종의 병세가 보름간 이어지던 8월 20일, 세제 연잉군이 생감과 간장게장을 경종에게 진상한다.

"게장이 아주 입에 잘 맞는구나."

경종은 오랜만에 수라를 잘 먹고 잠시 기운을 차리는 듯했으나, 그날 밤 갑작스러운 복통과 극심한 설사에 시달린다. 『본초강목』에 따르면, 대개 게의 경우 감과 함께 먹으면 사람을 복통하게 하고 설사하게 한다. 감과 게는 모두 찬 음식이다.

게장과 생감을 먹고 병세가 급격히 나빠진 경종에게 인삼과 부자를 쓰도록 하라는 명이 떨어진다. 이에 어의 이공윤이 강력하게 반대하고 나선다.

"내가 처방한 약을 진어하고 다시 삼다를 올리면 기를 능히 움직여 돌리지 못할 것이다."

경종이 먹고 있는 약과 상극인 인삼과 부자를 쓰면 왕이 죽을 수도 있다는 어의의 경고다. 그러나 연잉군이 이를 제지하고 나섰다.

"사람이란 본시 자기의 의견을 세울 곳이 있긴 하나, 지금이 어떤 때인데 자기의 의견을 세우려고 인삼 약제를 쓰지 못하도록 하는가?"

세제의 불호령 앞에 어의는 뜻을 굽힐 수밖에 없었다. 인삼과 부자를 먹은 경종의 눈동자가 안정되고 콧등이 따뜻해지며 회복되는 기미가 보이자 연잉군이 말했다.

"보아라! 내 비록 의술을 잘 알지 못하나, 기력을 잃은 이에게 인삼이 특효인 건 알고 있다."

다음 날 새벽 3시, 경종은 곶감과 게장을 먹은 지 5일 만에 어의의 반대에도 인삼을 복용한 다음 날 승하한다. 교묘한 독살인가, 무지에 의한 사고사인가, 게장이나 인삼과 상관없이 경종에게 주어진 운명이었을까.

영조는 즉위하던 해부터 경종 독살설의 배후로 지목되어 수많은 소문에 시달린다. 영조 3년, 전주를 시작으로 팔도에 걸쳐 벽서가 붙는다.

벽서의 내용은 실록에 전해지지 않지만, 영조는 이례적으로 범인을 잡기 위해 현상금까지 내건다. 당대 경종 독살설은 현대의 우리가 체감하는 것 이상으로 심각한 이슈였다.

영조 4년인 1728년, 마침내 터질 게 터지고야 만다. 충청도 청주에서 장례식을 가장한 행렬이 청주성으로 향한다. 누구의 장례식으로 위장한 것일까? 반란군은 순식간에 청주성을 함락했고, 경상도 전라도에서 많은 이가 거병하며 그 수가 7만 명에 이른다.

개화기 문신 이건창이 붕당 정치사에 관해 저술한 역사서인 『당의통략』에 반란군의 정체성을 확인할 수 있는 구절이 있다.

"군중에는 경종의 위패를 모셔놓고 조석으로 곡을 했다."

이인좌의 난은 경기도 안성에서 진압되었으나, 영조와 노론이 받은 충격은 컸다.

영조 31년인 1755년, 윤지가 주도한 나주 벽서 사건이 또 한 번 조정을 뒤흔든다. 영조가 즉위한 지 무려 30년이 지났는데도 경종 독살설은 살아 움직이고 있었다. 국문장에서 신치운은 영조를 향해 외친다.

"나는 갑신년(경종이 죽은 해)부터 게장을 먹지 않소이다! 이것이 저의 역심입니다!"

영조는 나주 벽서 사건이 마무리되자 특별과거를 시행한다. 조선 시대에는 역적 토벌을 기념해 과거를 시행했는데, 이를 토역정시라고 한다. 그런데 이 특별과거의 답안지에 영조를 비방

하는 답안지가 제출되고 또 한 번 피바람이 분다.

"네 이놈들! 도저히 용서할 수가 없다!"

그렇게 영조가 재위 내내 숙원으로 여겼던 탕평책은 완전히 무너진다. 영조의 탕평비를 살펴보자.

'두루 사랑하고 편당하지 않는 건 군자의 공정한 마음이요, 편당하고 두루 사랑하지 않는 건 곧 소인의 사사로운 생각이다.'

영조는 『천의소감』이라는 책까지 간행하며 자신과 게장의 관련성을 부인해야 했다.

"그때 경종이 먹은 게장은 (내가 올린 게 아니라) 어주에서 올린 것이다. 세간에서 하는 말은 사실과 다르다."

영조는 탕평책으로 아버지 숙종이 단단하게 묶은 죽음의 고리를 끊으려고 했으나 역부족이었다. 숙종의 환국은 당대에는 효과를 거뒀으나 장남 경종, 사도세자의 죽음에까지 영향을 미쳤고 경종 독살설의 진실은 영원한 미스터리로 남았다.

한국사 최초의 공화주의자 정여립 이야기

민주주의 국가에서 대통령의 첫 번째 덕목은 애민정신이어야 한다. 당연한 소리같지만 애민정신을 가진 대통령을 찾긴 매우 어렵다. 그런 대통령은 능력이 좀 부족해도 대한민국처럼 시스템이 잘 갖춰져 있다면 무난하게 국정 운영을 해나갈 수 있다. 애민정신도 없고 능력도 없지만 염치라도 있다면 낙제점은 면할 수 있다. 그러나 셋 중 하나도 갖추지 못했는데 권력을 향한 욕심만 들끓는다면 최악의 대통령이다.

조선의 제14대 왕 선조가 여기에 해당된다. 선조는 율곡 이이의 십만양병설이 있었음에도 왜적의 침입에 대비하지 못했고, 사지에 몰린 백성을 남겨두고 피란길에 올랐다. 애민정신은 물론이고 뛰어난 신하의 조언을 받아들일 능력도 없었다.

그것도 모자라 전쟁에서 큰 공을 세운 의병장들을 죽였으며, 전란 중에 민심을 얻은 아들마저 경계했다. 이순신 장군은 전사했기에 민족의 영웅이 되었지만, 살았더라면 선조에 의해 역적이 되었을지도 모를 일이다. 염치도 없는데 권력을 향한 집착은 그 어떤 왕보다 강했다.

임진왜란을 불과 3년 앞둔 1589년, 무려 1천 명이 넘는 사람이 희생되는 기축옥사가 일어났다. 당시 조선의 인구가 400만 명으로 추산되는데, 21세기 대한민국이라면 1만 명이 넘는 사람들이 정치 특검으로 사형을 당한 꼴이다.

이는 조선의 4대 사화(무오사화, 갑자사화, 기묘사화, 을사사화)의 희생자를 합친 숫자보다 많다. 기축옥사를 기점으로 17세기 서인, 18세기 노론, 19세기 세도정치로 이어지는데, 기축옥사의 발화점이 된 정여립의 난은 정치 공작의 그림자와 조작의 썩은 냄새가 진동한다. 먼저 당시 시대 상황을 살펴보자.

명망이 높아지는 정여립
— ❀ —

선조 대에 이르러 정권을 잡은 사림은 한양의 동쪽인 동대문 인근에 거주하던 동인과 서쪽인 정릉에서 활동하던 서인으로 다시 나뉜다. 율곡 이이는 양 당의 중재를 위해 애쓴 거의 유일한 인물이다. 궁 밖에선 여진족의 침입이 잦았고, 일본의 움직임 또한 심상치 않았다. 농사로 먹고사는 백성의 삶은 각종 폐단으로 피폐해져 있었다. 『선조실록』에 기록된 조헌의 상소문에서 실태를 파악할 수 있다.

"하늘이 경계를 보이고 요괴를 일으키는 게 모두 전대 말세의 변괴입니다. 군사와 백성의 고충이 끝이 없으니 나라가 위태로운데 고치려 해도 때가 늦은 듯싶습니다."

1589년 10월 1일 선조 22년, 황해 감사가 올린 비밀 장계가 때마침 조정에 도착했다. 호남 지방의 정여립이 이끄는 대동계가 한강이 얼어붙는 정월에 도강해 난을 일으킨다는 내용이었다. 호남 지방에서 계획 중이라는 난을 황해도에서 보고하자, 대부분의 조정 대신들은 잘못된 고변이라고 생각했다.

정여립을 한양으로 부를 것도 없이 조정에서 관리를 파견해 확인해보는 선에서 충분하다는 의견이 있었으나, 선조는 즉각적으로 군대를 파견했다. 역모의 주동자로 추정되는 이가 정여립이었기 때문이었을까?

"천하는 공물인데 어찌 일정한 주인이 있으랴."

"누구를 섬기든 임금이 아니겠는가."

정여립은 '천하공물설(天下公物說)'과 '하사비군론(何事非君論)'을 주장한 조선 시대의 공화주의자였다. 전주의 명문가인 동래 정씨 집안에서 태어난 정여립은 조선 시대 평균 과거 급제 나이인 30세 훨씬 이전인 20대 초반의 나이에 급제했다. 호남 제일의 학자라는 율곡 이이의 지지를 업고 예조 좌랑과 홍문관 수찬 등을 지내며 승승장구했으나, 성리학의 세상에 도무지 부합되지 않는 삐딱한 세계관이 늘 문제였다.

정여립은 생각이 다르면 스승이자 대학자인 이이마저도 비판했고, 노장 사상과 천문, 역법 등에도 관심을 갖는 동인 계열과도 친분을 유지했다. 그러나 공화주의자가 조선의 조정에서 설 자리는 없었다. 그는 서른여덟 나이에 스스로 벼슬을 버리고 고향으로 낙향한다. 정여립이 부귀영화를 버리자 그에 대한 명망은 더 높아졌다. 인근의 고을 수령들은 물론이고 한적한 시골 마을에 정여립을 한 번이라도 보기 위해 사람들이 몰려들었다.

정여립은 자신을 찾은 사람들과 함께 중국에서 들여온 천문학 서적이나 풍수지리 등 성리학 외에도 다양한 분야에 대해 이야기를 나눴다. 정여립의 사랑채는 새로운 지식을 교환하는 플랫폼이자 비슷한 생각을 공유하는 거대한 장터였다.

정여립은 삼면이 강으로 둘러싸여 산 속의 섬이라 불리던 죽도에 사당을 지었다. 그곳에서 매달 15일 대동계원을 상대로 강연을 하고 무술 훈련도 직접 시켰다. 대동계는 양반뿐만 아니라

서얼이나 승려 등 조선에서 외면받던 계층의 사람들도 함께할 수 있었다.

조선은 임진왜란 이전부터 왜구의 침입으로 골머리를 앓고 있었다. 1587년 전라도 손죽도에 왜구가 침입하자 전주 부윤의 남연경은 정여립에게 도움을 요청했고, 정여립은 하루 만에 수백 명의 군사를 모아 왜적을 물리치는 데 큰 공을 세웠다.

정여립이 의도했든 의도하지 않았든 그의 명성은 부풀려져 팔도로 퍼져 나갔다. 조선의 비기이자 금서인 『정감록』에서 지칭하는 정 도령이 정여립이라는 의심은 기대로 바뀌고 있었다.

"뽕나무에서 말갈기가 나면 정팔룡이 왕이 된다."

"목자(木子)는 망하고 전읍(奠邑)이 흥한다."

전라도와 황해도에서 정여립을 지칭하는 듯한 참요가 나돌기 시작했다. 당대는 물론이고 정여립보다 더 반체제적인 사상을 가진 인물은 조선사를 통틀어도 찾기 어렵다.

그러나 정여립은 대동계를 이끌고 한양으로 향하지도 않았고, 역모를 꾀했다는 명백한 증거도 없었다. 선조가 손에 쥔 건 황해 감사가 보낸 서찰 한 통이 전부였다. 그럼에도 왕명을 받은 선전관과 금부도사가 이끄는 군대가 정여립을 잡고자 호남으로 내려갔다.

역모를 준비한다는 정여립은 아들 정옥남과 함께 죽도에 다녀오겠다는 말까지 남기고 집을 나선 터였다. 그리고 한양에서 들이닥친 군대에 저항 한 번 하지 않고, 작은 굴에서 자결했다고 실록은 전한다. 실록이 아닌 다른 기록에는 죽도에서 놀고 있던 정여립을 왕의 군사들이 때려죽였다고도 한다.

자결을 했든 자결을 당했든 이제 와서 무슨 소용이랴. 그저 지엄한 왕명이 지켜진 것을.

역모의 주모자로 추정되는 자가 덜컥 죽어버렸으니, 그는 더 이상 죄를 부인할 수도 없었다. 군사들은 역모의 증거를 찾고자 정여립의 집과 죽도를 비롯한 곳곳을 샅샅이 뒤졌으나 문서는 물론이고 무기조차 찾아내지 못했다.

정여립의 난, 역모 조작, 기축옥사

역모 조작이 의심되는 점들은 정여립의 난을 국문하는 과정에서 노골적으로 드러난다. 정여립의 난으로 명명된 사건은 걷잡을 수 없이 규모가 커지며 동인 선비 1천 명이 처형되고, 서인이 정권을 잡게 되는 기축옥사로 마무리된다. 단지 정권을 교체하기 위한 것이었다면 너무나 많은 사람이 억울하게 죽은 것이다.

"정여립이 역적이 되자 서인들은 기뻐 날뛰지 않는 자가 없었다."

-『연려실기술』

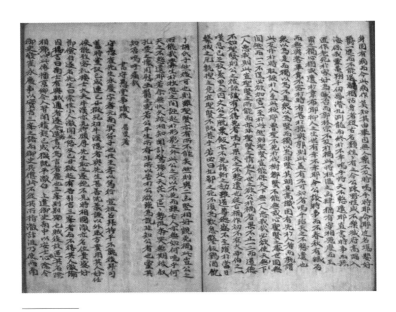

기축옥사의 전말에 대한 기록 및 문서를 편집한 역사서 『기축록』

정여립의 난을 조사하기로 내정되었던 동인 출신의 정언신은 애초에 잘못된 고변이라고 주장했었다. 단지 오비이락이었을까? 선조는 정언신 대신 서인의 영수 정철을 위관으로 전격 교체한다.

김장생의 『송강행록』에 따르면 정여립이 죽던 날 송강 정철은 아들의 초상을 치르고 있었으나, 입궐을 서두르며 정여립의 도주를 예견했다고 한다. 그는 한양에서 수백 리 떨어진 전라도의 일을 어떻게 알았을까? 혹시 정철은 정여립의 죽음도 이미 알고 있었던 게 아닐까?

조선 후기 1740년, 남하정이라는 처사가 쓴 『동소만록』에는 기축옥사에 관한 흥미로운 기록이 있다.

"기축옥사는 송익필에 의해 기획되고 정철에 의해 이뤄졌다."

송익필은 서얼 출신으로 벼슬에 나서지 못했으나, 탁월한 정치 감각과 뛰어난 책략으로 서인의 제갈공명으로 불리던 자다. 그는 특히 심의겸, 정철과 매우 가까운 사이였으나 기축옥사 당시 기막힌 사연으로 2년째 도피 생활 중이었다.

사연인즉슨, 송익필의 아버지가 안씨 집안을 역모죄로 고발했고 그 공을 인정받아 송씨 집안은 부귀영화를 누리며 살았다. 그러나 세월이 흘러 역모가 무고로 밝혀지며 대반전이 일어난다. 신원이 회복된 안씨 집안에서 송익필의 집안을 상대로 송사를 하는 과정에서 송익필의 할머니가 노비 출신임이 밝혀지며, 송익필은 52세 나이에 느닷없이 노비로 환속되어버린 것이다.

조선 팔도를 뒤덮은 공포정치

정부가 간첩 사건을 조작하는 사례는 근현대의 대한민국과 프랑스의 드레퓌스 사건 등 그 예를 어렵지 않게 찾을 수 있다. 발각될 경우 위험 부담이 크지만 그렇지 않을 경우 정적을 제거하는 데 효과적이다. 조선 시대에도 충분히 일어났을 법한 일이며 다음과 같은 소설도 가능하다.

서인의 제갈공명이라 불리는 재야의 실력자 송익필은 쉰이 넘은 나이에 노비 신세로 전락해버렸다. 이 난국을 타파하기 위해선 나라 전체를 뒤흔들 사건이 필요하다고 생각했다. 그는 두 살 아래지만 자신의 유비였던 송강 정철을 찾아갔다.

"대감! 언제까지 이리 방구석만 지키고 계실 것이오. 다시 주상의 곁을 지켜야 하지 않겠습니까!"

"내 함부로 돌아다니지 말고 연락을 취할 때까지 기다리라고 했거늘, 이리 불쑥 찾아왔다가 누가 보기라도 하면 어쩌려고… 쯧쯧."

"대감! 내 한때는 서인의 제갈공명이라 불린 송익필이요. 대감을 다시 정승 자리에 올려드릴 비책을 갖고 왔소이다. 우리 주상께서도 나 같은 서자 출신이라 내가 그 마음을 누구보다 잘 알고 있소. 주상이 영원히 동인 놈들과 함께 갈 거라고 생각하시오? 절대 아닙니다. 우리가 명분만 던져주면 주상은 마다하지 않을 것이오. 하나 그 명분이란 게 그럴싸해야겠지요?"

송익필의 말을 흘려듣던 정철의 눈이 가늘어지며 몸을 그의 앞으로 당겨 물었다.

"무슨 좋은 수라도 떠올랐소? 지체하지 말고 말해 보시오."

잠시 뜸을 들이던 송익필이 목소리를 낮추며 말을 이었다.

"사화! 사화를 일으켜 동인 놈들을 내쳐야지요."

문 밖을 한 번 쳐다본 정철도 목소리를 내리깔고 묻는다.

"명분이 있어야 사화를 만들 것인데…."

"역모만 한 게 있겠소이까. 없는 화살도 만드는 게 제갈량 아니겠습니까. 명분도 없으면 만들면 되지요. 호남에 낙향해 있는 정여립을 기억하시지요?"

"옳거니! 내 어찌 그 생각을 못했을꼬!"

서인의 영수와 그의 책사 송익필은 왕의 제가 없인 불가능한 일을 도모했다. 선조에 의해 정여립의 난 조사에 관한 전권을 위임받은 정철은 정여립과 조금이라도 관련 있는 사람들을 모조리 잡아들였다.

무려 500명의 제자를 거느린 호남의 대학자 정개청의 집에 관군이 들이닥쳤다. 집안을 쑥대밭으로 만들고 그들이 찾아낸 건 인근에 살고 있던 정여립과 주고받은 단 두 통의 편지였다.

편지의 내용은 풍수지리에 능한 정개청이 정여립에게 건넨 조언이었고, 특검에서 문제 삼은 내용은 "당신은 도를 아는 사람이요."라는 단 한 문장이었다.

정개청은 정여립과 역모를 도모하지도 않았고 그 말은 그저 예의상 쓴 말이라고 주장했으나, 정철은 들으려 하지 않았다.

정개청은 유배 두 달 만에 사망했으나, 정철은 그가 뿌린 씨앗마저 거둬버렸다. 정개청의 제자 500명 중 50명이 죽임을 당하고, 20명이 유배형에 처해졌으며, 400명이 과거 자격을 박탈당했다. 현대 사회에서 상대 당 정적의 피선거권을 박탈하는 수법과 유사하다. 정개청의 제자들이 사라지자 하루아침에 고을 하나가 증발해버렸다.

정여립의 시신은 한양으로 이송되어 저잣거리에서 다시 찢겼다. 그의 집은 모조리 불태워졌고, 집터를 숯불로 지진 것도 모자라 연못으로 만들어 수장시켜버렸다.

눈병이 있던 김빙이란 자는 정여립의 시신이 압송되는 거리에 서 있었을 뿐이었다. 때마침 바람이 불었고, 눈을 비비다 눈물이 났을 뿐이었으나 화를 면하지 못했다.

전라도사 조대중은 관기와 이별하며 눈물을 흘렸으나, 정여립을 위한 눈물이라 여겨 죽임을 당했다.

누구도 감히 정여립의 이름을 입 밖으로 내지 못했고, 눈물과 울음은 삼켜야 했다. 1950년대 미국의 정치인들을 떨게 했던 매카시즘을 떠올리게 하는 공포정치가 조선 팔도를 뒤덮었다. 감옥에 죄인 아닌 죄인이 넘쳐났고, 추국청에는 자신의 죄를 알지 못하는 사람들이 모진 고문으로 귀신의 꼴을 하고 있었다.

조선은 모든 죄에 대해 삼심제도를 시행했지만 역모죄만은 단심제로 진행되었다. 참나무로 만든 신장이라는 고문 도구는 30대 이상을 치지 못하게 법으로 금지되었으나, 정철은 조선의 법과 왕명 사이에 있었다.

동인의 영수이자 정철의 최대 라이벌 이발은 유배지로 끌려 가던 도중 압송되어 죽임을 당했다. 두 사람은 과거 이이의 주선으로 만난 적이 있으나, 정철이 이발의 얼굴에 침을 뱉으며 영수회담은 산산이 부서진 바 있다.

이발의 3형제를 비롯한 모든 가족이 추국청에 끌려왔다. 정철은 여든이 넘은 이발의 노모와 열 살과 다섯 살에 불과한 두 아들 앞에서 잠시 망설였다. 이발의 장남은 겨우 열 살이었지만 이미 선비였고, 그 고매한 정신이 죽음을 피하지 못하게 했다.

"아버지께 배운 건 오직 충과 효뿐입니다. 그런 아버지가 어찌 역모를 꾀했단 말이요?"

두 아이는 매질을 견디지 못했고, 여든이 넘은 여인의 몸 위에 깨진 사기그릇이 올려졌다. 그 위에 돌을 얹자 기력이 세한 신음이 새어 나왔다. 돌 위에 다시 사람이 올라서는 압슬형이 내려졌다. 고매한 나리들의 지시에 따라 고문을 가하던 포졸들의 눈에도 눈물이 고였다. 추국청에서 벌어지던 모든 과정을 기록하던 오성 이항복이 남긴 글로 참혹함을 미뤄 짐작할 수 있다.

입이 있으되 말할 수 없고, 눈물이 쏟아져도 소리 내 울 수가 없네.

베개를 어루만지며 두려워 소리를 삼켜 숨죽여 운다.

어느 누가 잘 드는 칼날로 내 슬픈 마음을 도려내주리.

선조가 정여립의 아들 정옥남을 친국하는 과정에서 베일에 싸인 길삼봉이라는 인물이 언급되었다.

"길삼봉! 길삼봉이 잡히지 않았다. 역도의 무리가 남아있으니 찾아서 그 씨를 말리도록 하라."

길삼봉에 대한 사람들의 진술은 제각각이었다. 타고난 장사에 무예가 출중해 누구도 잡을 수 없다는 그의 나이는 30대에서 60대까지 이르며, 신분도 노비에서 정여립의 최측근이라는 말이 피와 함께 쏟아져 나왔다.

정철은 길삼봉을 찾고자 더 많은 사람을 잡아 와, 더 심한 고문을 가했다. 지리산 인근에 그가 출몰한다는 말을 듣고 관군을 보냈으나, 쥐새끼 한 마리 잡지 못했다. 과연 길삼봉이 존재하는지조차 모를 지경에 이르렀으나 왕명은 멈추지 않았다. 마침내 길삼봉으로 추정되는 이가 압송되어 왔다.

"주상 전하! 드디어 길삼봉을 잡아들였습니다."

정철이 잡아들인 이는 남명 조식의 수제자이자 많은 이의 존경을 받던 60대 학자 최영경이었다.

"어이가 없구나. 네 놈이 권력에 눈이 멀어 무고한 이들을 잡아 죽인다더니 기어이 내게까지 왔구나. 그래! 그저 내 호가 삼봉이라고 하여 내가 길삼봉이란 말이냐?"

"시끄럽다. 네 놈이 아무리 잡아떼도 네 놈은 길삼봉이 맞다. 아니, 길삼봉이어야 한다."

최영경은 고문을 견디지 못하고 끝내 숨을 거둔다.

기축옥사의 꼬리가 잘려 나간 후

3년간 이어지던 기축옥사의 피바람이 마침내 멈췄지만 피 냄새는 쉬이 사라지지 않았다. 그리고 선조는 기축옥사의 희생자에 대해 모두의 예상을 깨는 명을 내린다.

길삼봉으로 몰렸던 최영경을 사헌부 대사헌으로 추증하는 걸 시작으로 정여립을 제외한 희생자들 대부분의 신원을 복권해줬다. 기축옥사로 정권은 동인에서 서인으로 넘어갔고 죽은 이의 명예를 왕이 회복시켜주니, 오직 선조의 꼬리인 정철만이 잔혹한 악인으로 실록에 그 이름을 새기게 되었다.

얼마 후, 정철이 무고한 최영경을 죽음에 이르게 했다는 상소가 올라오고 선조는 정철이 광해를 세자로 책봉하려 했다는 걸 빌미로 호남 지방으로 귀양을 보낸다.

그렇게 기축옥사의 꼬리가 잘려나갔다. 모든 게 다 잘 마무리되어 선조의 왕권은 안정을 되찾았고, 수많은 의병과 백성이 죽어 나간 임진왜란에도 그는 천수를 누렸다.

국문장에서 아버지 이발의 무고를 외치다 맞아 죽은 장남 옆에 있던 다섯 살 차남은 사실 노비의 아들이었다고 한다. 가문의 멸문지화를 막고자 종의 아들과 바꿔치기 해 살아남은 그는 본관을 바꿔 살아남았다고 한다.

기축옥사 당시 아홉 살이었던 이발의 조카 이원경 또한 그의 어머니와 함께 처형 직전 도주했다. 그러나 양반집 규수였던 어머니는 얼마 못 가 죽고 말았고, 어린 이원경은 본관을 버리고 이름을 고친 채 나주에서 살아남았다. 천민과 결혼해 갖은 고생을 하며 살던 그는 서른 살 나이에 세상을 떠났는데, 죽기 직전 집안의 비밀이 담긴 유서 한 장을 아들에게 남긴다.

유서는 기축옥사로부터 200년이 훌쩍 지나 후손의 다락방에서 기묘한 방식으로 발견된다. 마을에 역병이 돌자 무당을 불러 굿을 하기로 한다. 무당은 굿을 시작하기 전 서책을 포함해 집안 구석에 있는 오래된 물건을 모두 꺼내 태우라는 지시를 내린다. 집안 이곳저곳을 뒤지던 사람들이 마침내 그 유서를 발견하고, 자신들의 뿌리를 다시 찾게 되었다는 전설 같은 이야기가 전해진다.

정녕 왕건의 훈요십조는 조작되었을까

943년, 자신의 죽음을 예감한 고려 태조 왕건은 신하 박술희를 내전으로 은밀히 불러 열 가지 유훈을 구술로 남겼다고 전해진다. 자신의 대를 이을 왕들에게 남긴 '훈요십조'의 주요 내용은 왕위 계승에 관한 내용뿐만 아니라 불교나 풍수지리, 외교 등 당대 상황을 엿볼 수 있는 귀중한 사료다. 그런데 제8조에는 도무지 이해하기 힘든 충격적인 내용이 담겨있다.

"차령(산맥) 이남과 공주강 밖은 산과 땅이 모두 배반하니 그곳 사람 또한 배반한다. 조정에 들어오면 변란을 꾀하고 임금이 행차하는 길을 막아 난을 일으키니 아무리 훌륭하더라도 벼슬을 주지 말라."

二十六年夏四月御內殿召大匡朴述希親
授訓要曰朕聞大舜耕歷山終受堯禪商帝
起沛澤遂興漢業朕亦起自單平謬被推戴
夏不畏熱冬不避寒焦身勞思十有九載統
一三韓叨居大寶二十五年身已老矣第恐
後嗣縱情肆欲敗乱綱紀大可憂也夏述訓

珍滅此甚無道不足遠結為隣遂絶交聘流
其使三十人于海島朕...萬夫橋下皆餓
死

要以傳諸後嗣庶幾披夕覽求為龜鑑其一
曰我國家大業必資諸佛護衛之力故創禪
教寺院差遣住持焚修使各治其業後世姦
臣執政徇僧請謁各業寺社爭相換奪切宜
禁之其二曰諸寺院皆道詵推占山水順逆
而開創道詵云吾所占定外妄加創造則損
薄地德祚業不永朕念後世國王公候后妃
朝臣各稱願堂或增創造則大可憂也新羅
之末競造浮屠衰損地德以底於亡可不戒

『고려사』의 훈요십조(태조 26년 기사)

　　삼국을 통일한 왕의 입에서 나왔다고 믿기 힘든 내용이다.
지방 호족과 연대하고자 스무 명이 넘는 부인과 혼인하며 나라
의 통합을 위해 애쓴 왕건이 왜 특정 지역을 배척하는 유언을 남
겼을까? 왕건은 옛 백제 지역이자 오늘날의 전라도에 해당하는
지역에 개인적인 원한이 있었을까?

　　혹시 사사로운 감정이 있었다 한들 삼국을 통일한 인물이 할
법한 말은 아니다. 조작설까지 나오고 있는 왕건의 훈요십조 중
제8조의 감춰진 진실은 무엇일까?

학계를 포함해 많은 이가 왕건의 건국 이념과 인생 행적을 들어 왕건이 그런 유훈을 남겼을 리 없다고 주장한다. 심지어 훈요십조의 조작설을 주장하는 학자도 있다. 제8조의 내용에 배치되는 내용을 살펴보며 수수께끼를 함께 풀어보자.

태조 왕건은 훈요십조 제8조를 지켰나

차령 이남과 공주강 밖은 지정학적으로 전라도 지역에 해당하며 산과 땅이 모두 배반하니, 풍수지리에 기반을 둔 해석이다.

풍수지리 관점에서 보면 후백제 지역인 금강(공주강) 일대는 고려의 수도인 개경을 향해 활시위를 당기는 형세다. 풍수지리상 경상도 지역인 낙동강, 영산강, 섬진강 또한 같은 형세다.

풍수지리상으로 보면 왕건과 고려는 전라도뿐만 아니라 경상도 지역의 인재도 등용해선 안 된다. 그러나 고려 시대 내내 두 지역의 인재는 중용되었다.

전라도 나주는 삼국시대 당시 경제적 군사적 요충지였다. 백제의 견훤과 왕건이 치열한 전투를 벌인 곳으로 양측의 탈환이 반복된 지역이다. 나주 점령으로 왕건이 얻은 건 『고려사』에도 기록되어 있다.

"태조께선 수군으로 나주를 점령한 뒤, 그 바다와 섬에 이익을 모두 얻었고 그 힘으로 삼한을 통일할 수 있었다."

삼국통일 전 궁예의 관심법을 피해 왕건이 스스로 내려와 훗날을 도모한 지역도 나주이며, 이곳을 기점으로 제4국의 건국을 고려할 정도였다. 나주는 왕건이 직접 자신의 울타리 같은 곳이라고 회상한 지역이다.

훈요십조 제8조는 전라도 출신에게 벼슬을 주지 말라고 했는데, 왕건은 과연 자신의 말을 지켰을까? 조선 건국에서 태조 이성계와 더불어 정도전을 빼놓을 수 없듯, 고려 건국에 왕건과 더불어 도선대사를 논하지 않을 수 없다.

신라 말부터 불기 시작한 풍수지리 사상의 바람은 태풍을 넘어 고려 건국의 주요 사상이 되었다. 한국사 최초이자 최고의 풍수지리 사상가로, 왕건의 탄생을 예언했거니와 왕건의 정신적 지주였으며 고려 백성에게 국사로 추앙받은 도선대사의 고향은 전라도 영암이다.

한편 고려판 노스트라다무스라고 해도 과언이 아닌 인물이 최지몽이다. 그의 본명은 최총진인데, 어려서부터 모든 학문에 능통했다. 특히 천문과 주역, 점복에 매우 능했다. 이 천재 술사는 동네의 대소사를 미리 예측하며 그 명성을 세상에 알리기 시작했고, 마침내 왕건의 부름을 받았다.

"내 며칠 계속해서 같은 꿈을 꾸고 있다. 네가 이 꿈을 풀이 할 수 있겠느냐?"

왕건 앞에 선 열여덟 살의 최총진은 장차 삼한을 통일할 길 몽이라고 대답했다.

"그래? 너의 해몽이 반드시 맞길 나도 바란다. 내 너에게 지 몽이라는 이름을 하사하니, 내 곁에 머물도록 하라."

최지몽은 삼국통일 이후에도 태조 왕건의 곁에 머물렀고, 제 2대 왕 혜종 대에도 그 비범함으로 왕의 목숨을 구한다.

"오늘 밤 급히 처소를 옮기셔야 하옵니다. 역모의 무리가 급 습할 것입니다."

최지몽의 말을 들은 혜종은 목숨을 건질 수 있었다. 최지몽 역시 전라도 영암 출신이다.

그런가 하면 왕건에게 전략적 조언, 심리적 도움을 준 이들 이 많지만, 생과 사의 갈림길에서 그를 구한 이는 고려의 개국공 신 신숭겸 장군이다. 후백제의 공격으로 신라의 경애왕이 포석 정에서 목숨을 잃었을 때, 왕건은 신라의 구원 요청을 받고 대구 의 팔공산에 이르렀다. 50대의 왕건과 60대의 견훤은 서로를 꺾 어야만 통일 왕국의 주인이 될 거라는 것도, 그 꿈이 멀지 않았 다는 것도 잘 알고 있었다.

그러나 팔공산 전투의 승자는 견훤이었고, 왕건은 백제군의 매복에 전멸 직전까지 몰린다. 백제군의 포위망이 좁혀오자 왕건은 죽음을 예감했고 결사항전을 준비한다. 그때 신숭겸 장군이 왕건 앞에 무릎을 꿇었다.

"형님! 마지막으로 형님이라고 한 번 불러보고 싶었습니다. 여기까지 오는 동안 몸은 고되었지만 복되었습니다. 저는 먼저 가지만 형님은 반드시 살아남아 삼한을 통일하십시오. 저승 가는 길에 외롭지 않게 형님 옷을 입고 죽고 싶습니다."

신숭겸은 왕건과 비슷한 용모였다고 한다. 왕건은 신숭겸의 희생을 헛되이 하지 않기 위해 필사적으로 도망쳐 살아남았고, 끝내 삼국통일을 이뤘다. 팔공산에는 이날의 여운이 지명으로 남아 우리에게 전해지고 있다. 지묘동은 신숭겸의 지혜로운 묘책을 뜻한다.

왕건은 신숭겸에게 장절이란 시효를 내리고 그를 기리기 위한 절까지 지은 것도 모자라 자신의 묫자리까지 내줬다. 팔공산 전투에서 신숭겸은 목이 잘렸고, 목이 없는 시신만 겨우 수습한 왕건은 금으로 그의 얼굴을 만들게 했고 도굴을 염려해 무려 세 개의 봉분을 만들게 했다.

형제가 없던 왕건은 신숭겸을 잊지 않은 정도가 아니라 가슴에 품고 살았다. 문무백관이 모두 모였을 때 허수아비 신숭겸을 곁에 세워놓고 술을 마셨다고 한다.

"아우님, 내가 해냈네! 이 못난 형이 해냈단 말이네. 자네도 한잔 받게나."

평산 신씨의 시조가 된 신숭겸은 전라도 곡성 출신이다.

왕건의 구술을 글로 옮겼다고 알려진 신하 박술희는 제2대 왕 혜종의 최측근이며, 혜종의 외가는 전라도 나주다. 유언을 남길 정도였다면 박술희는 왕건에게도 총애를 받았을 것이다.

그런 신하에게 나의 스승 도선대사와 나의 형제 신숭겸, 나의 아들의 외가 지역 인물을 절대 등용하지 말라고 말했을까?

소실된 훈요십조의 발견 당시 상황

— ❈ —

그렇다면 어떻게 된 걸까? 의문으로 가득한 훈요십조의 발견 당시로 돌아가 보자.

1110년, 거란의 침략으로 훈요십조를 포함한 고려의 많은 역사 자료가 소실되었다. 거란의 침략을 물리친 현종은 고려의 역사를 다시 편찬하는 작업에 착수했다.

조정 전체가 매달린 대 편찬 작업이 막 시작될 무렵, 사라졌던 훈요십조만 발견되었다는 놀라운 소식이 전해진다. 당시의 상황을 『고려사』 「최승로전」이 다음과 같이 전하고 있다.

"사라진 훈요십조는 최재안이 최항의 집에 숨겨져 있는 걸 찾아내 왕께 바쳤다. 그럼으로써 세상에 전할 수 있게 되었다."

두 가지 측면에서 의아한 부분이 있다. 첫째, 고려 태조의 유훈이 어찌하여 궁이 아닌 신하의 집에서 발견되었는가? 둘째, 최승로는 신라계를 대표하는 인물이며 최항은 최승로의 손자다. 발견자 최재안 또한 신라계 인물이며 최항과 함께 새 역사 편찬 작업에 참여했다.

정치적 목적으로 훈요십조의 제8조가 조작되었다는 명백한 물증은 없다. 그렇다고 아니라고 주장하기에도 석연치 않은 부분이 너무나 많다.

왕건이 평생을 오로지 앞만 보고 달려오다 죽음을 앞두고 이성을 잃어버린 게 아니라면, 훈요십조 제8조와 왕건의 인생 발자취는 달라도 너무 다르다.

어쩌면 우리가 알지 못하는, 상상조차 할 수 없는 사건이 있었던 건 아닐까?

당나라 장군 소정방은
김유신이 독살했나

신라가 삼국을 통일하는 과정에서 당나라의 군사 지원은 큰 역할을 했다. 그런데 당나라의 총사령관이었던 소정방의 사망에 얽힌 기묘한 이야기가 전해진다. 중국의 기록과 달리 소정방이 당나라에서 죽은 게 아니라, 신라 땅에서 그것도 김유신에게 죽었다는 것이다. 이 충격적인 이야기를 하기 전에 삼국통일 과정을 간략하게나마 살펴볼 필요가 있다.

삼국통일 전, 신라와 백제는 서로의 가슴과 등에 칼을 꽂고 꽂는 라이벌 관계였다. 30년간 왕위에 있으며 수도를 공주에서 부여로 옮긴 백제의 제26대 성왕은 554년 신라군에 의해 전사했고, 제31대 의자왕에 이르러 백제의 복수가 이뤄진다.

의자왕이 신라에 빼앗긴 영토를 회복하는 과정에서 대야성 전투가 벌어졌는데. 이때 신라의 김춘추는 딸과 사위를 잃었다. 이 전투로 많은 걸 잃은 김춘추는 백제를 치기 위해 고구려를 급히 방문한다.

642년, 고구려의 실권자 연개소문을 만난 김춘추는 크게 당황하고 만다.

"이곳을 내주면, 우리 고구려가 너희 신라를 도와 백제를 칠 것이다."

연개소문이 손으로 가리킨 곳은 경북과 충북의 경계인 죽령 이북 지역이었다. 김춘추는 거절할 수밖에 없는 제안을 받아들일 수 없었고, 감옥에 갇혔으나 김유신의 도움으로 목숨만 건져 귀국할 수 있었다.

김춘추는 5년 뒤 647년에는 바다를 건너 왜를 방문한다. 일본의 기록에 따르면 김춘추는 용모가 아름답고 말을 잘했다고 한다. 그러나 양국의 이해관계는 맞지 않았고, 김춘추는 마지막으로 당나라로 향했던 것이다. 김춘추가 당나라를 방문했을 때, 당 태종은 고구려와의 안시성 전투에서 눈에 화살을 맞고 고구려에 대한 복수심으로 불타고 있었다.

대업을 이루려면 실력뿐만 아니라 하늘이 내린 운과 시기가 맞아야 한다. 김춘추는 당 태종뿐만 아니라 그의 후궁인 측천무후에게도 외교술을 펼치며 당나라의 마음을 움직인다. 이 방문을 시작으로 긴밀한 외교 관계를 이어가던 신라와 당나라는 마침내 군사적 합의에 이른다.

소정방이 신라군에게 살해되었다는 주장

660년 3월, 당나라는 소정방을 총사령관으로 삼아 무려 13만 명의 대규모 병력을 출정시킨다. 그렇게 나당연합군은 660년에 백제를, 668년에 고구려를 멸망시킨다. 하지만 외교에서 영원한 적도 영원한 우방도 없다, 오직 자국의 이익만 있을 뿐이다. 당나라는 백제와 고구려를 멸망시키자 본심을 드러낸다. 한반도 전체를 집어삼키려고 한 것이다. 신라는 당나라와 무려 7년간의 전쟁 끝에 그들을 몰아내고 통일신라의 문을 연다. 삼국통일의 간단한 개요다.

삼국통일 과정에서 소정방의 역할을 빼놓을 수 없으며, 그는 우리에게도 익숙한 당나라 명장이다.

당나라의 수도는 장안이었다. '장안의 화제'라는 말이 현대 한국 사회에도 이어질 정도로 당시 장안과 당나라의 위세는 대단했다. 당 태종은 돌궐을 제압하고, 페르시아 지역까지 영토를 넓혔다. 소정방은 늦은 나이인 당 태종 때 장수로 두각을 나타내기 시작했다.

그는 657년 서돌궐 정복 과정에서 역사에 이름을 드러내고, 669년 돌궐 정복 후 왕을 생포하며 역사에 이름을 각인시킨다. 백제 의자왕 또한 소정방에 의해 당나라로 끌려가고 만다. 이러한 공로로 소정방은 당나라에서 형국공에 봉해지는데, 공은 당나라 황실에서 신하에게 내리는 최고의 작위다.

소정방은 당나라 역사의 위대한 장군이자 우리 역사와 설화, 문화유적에도 흔적을 남겼다. 옛 백제 지역인 부여 인근을 흐르는 백마강에는 소정방에 얽힌 설화가 전해진다.

소정방은 사비강을 지키던 용을 죽여야만 백제를 정복할 수 있다고 생각했다. 그 강을 지키는 용은 백제의 의자왕이 변신했던 것이다. 소정방은 그 용이 백마를 좋아한다는 걸 눈치채고 백마를 낚싯대에 꿰어 용을 잡았다는 것이다.

이때부터 그 강을 백마강, 용을 낚은 무릎 자국이 남아있는 바위는 조룡대라고 하며 오늘날까지 불리고 있다. 이외에도 용이 날아갔다는 용전리, 낚인 용이 떨어지자 검은 연기가 자욱했다는 거문내 등이 있다.

소정방은 설화뿐만 아니라 우리의 문화유적에도 남아있다. 백제의 마지막 수도 부여에서 유일하게 제자리에 서 있는 유물은 정림사지 석탑이다. 소정방은 5층 석탑의 1층 몸돌에 '백제를 정벌하고 세운 기념탑'이란 글씨를 선명하게 새겼다.

우리의 설화뿐만 아니라 유적에도 각인되어 있는 소정방이

신라군에 의해 살해된 후 비밀리에 매장까지 되었다고 하는 말
은 점점 믿기 어렵다.

어떤 근거로 그런 주장이 나온 걸까? 경상북도 문경에서 그
실마리를 풀어보도록 하자.

소정방의 사망에 얽힌 미스터리

경상북도 문경시청에는 당교사적비가 있다. 여기에는 놀라운 내용이 적혀 있다. 신라의 명장 김유신이 문경시 모전동과 상주시 함창읍 윤직리의 경계가 되는 모전천에서 당나라 장수 소정방과 그의 군사들을 죽이고 이를 기념하고자 세운 다리가 당교라는 것이다. 소정방의 죽음에 관한 비슷한 기록은 『삼국유사』가 더 구체적이다.

> "신라 옛 전기에 소정방이 이미 고구려와 백제를 치고 또 신라를 치려는 속셈으로 머물고 있으므로, 유신 공이 그 꾀를 알고 당병을 대접하면서 짐주를 먹여 죽여 쓸어 묻었다. 상주 경내에 있는 당교가 바로 그곳이다."

살해 동기, 살해에 쓰인 독의 종류, 시체 유기 장소 등이 구체적으로 기록되어 있다. 『삼국유사』를 제외한 다른 역사서에는 소정방의 죽음에 관한 기록이 없으나 고려의 문신 이규보가 지은 시문집인 『동국이상국집』에서 흥미로운 기록을 발견할 수 있다. 당시 경주 지방 민란을 진압하면서 소정방의 사당에 제사를 지내며 쓴 제문이다.

"소정방 장군은 불행히도 우리나라를 떠나지 못하고 수레가 서쪽으로(당나라) 돌아가지 못해 떠도는 영혼이 되었으므로, 사당이 이곳에 남게 되었다."

『고려사』에는 소정방의 사당이 대흥군 대잠도(지금의 충남 예산)에 있고, 봄가을에 향과 축문을 내려 제사 지냈다고 전해진다.

왜 고려인들은 소정방의 사당까지 만들어 제사까지 지냈을까? 비록 적군이었지만 자신의 나라로 돌아가지 못한 이의 한을 달래주려는 것이었을까?

신라 시대 이후 세월이 흘러 왕조까지 바뀌었음에도 우리의 선조들은 소정방이 당나라로 돌아가지 못하고 이 땅에서 죽었다고 믿었던 것이다.

중국의 기록에는 소정방이 당나라에서 병사했다는 간략한 기록만 있을 뿐이다. 그의 공로에 비해 지나치게 간략하다. 소정방 정도의 장군이 죽으면 장례 절차, 예우, 식읍을 내린 내역 등이 상세히 기록되어 있어야 하고, 하다못해 사망 원인이라도 기록되어 있어야 할 것이다. 하지만 소정방은 예외다. 더군다나 중국 현지 어디에서도 소정방의 무덤을 찾을 수 없다.

혹시 소정방이 동맹군인 신라군에 의해 죽임을 당한 걸 기록으로 남기기에 부담스러웠던 게 아닐까? 소정방의 사망에 얽힌 미스터리를 1천 년 넘게 지난 오늘날 밝혀내는 건 불가능하다.

백제와 고구려는 멸망했지만 신라는 무려 7년간이나 당나라와 전쟁을 해야 했고, 당과의 전쟁에서 기적적으로 승리를 한 676년에야 통일신라의 깃발을 들어 올릴 수 있었다.

삼국통일의 과정에서 당나라는 백제뿐만 아니라 신라에까지 통치 기관인 계림도독부를 설치함으로써 검은 야욕을 노골적으로 드러냈다.

혹시 김유신과 김춘추는 이런 대화를 나누지 않았을까?

"형님! 당나라 놈들이 무슨 속셈으로 이 땅에 들어왔는지 아시지요? 일단 백제와 고구려를 제압하고 나면 저것들과 단판을 내야 합니데이. 소정방을 살려 보내선 안 됩니다."

"걱정 마라. 나 신라의 화랑 출신 김유신이다. 건방진 소정방은 반드시 내가 쥑인데이."

‖ 5장 ‖

이런저런 직업을 가진 이들의 기막힌 신세

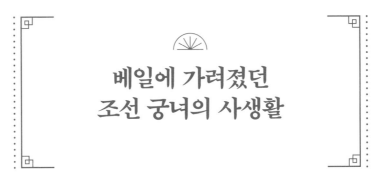

베일에 가려졌던
조선 궁녀의 사생활

조선의 마지막 법령집인 『대전회통』이 궁녀를 정의하고 있다.

"궁녀란 궁중여관의 별칭으로 상궁 이하의 궁인직을 말한다."

즉 궁중에서 일하는 여성 관리라는 뜻이다. 조선 후기 실학자 이익의 『성호사설』에는 궁에서 일하는 환관과 궁녀의 수를 각각 335명, 684명이라고 기록하고 있으며, 『고종실록』에는 대전과 중궁전, 대비전에서 일하는 궁녀의 수가 각 100명으로 세자궁 60명, 세자 빈궁 40명, 세손궁과 세손 빈궁 각 50명과 30명이라고 기록하고 있다.

궁녀의 숫자는 시기마다 달랐겠지만, 조선 시대 궁녀의 수를 대략적으로 짐작할 수 있는데 조선보다 규모가 작았던 백제의 3천 궁녀는 전설에 가까운 것임을 확인할 수 있다.

평생을 왕의 잠재적 여자로 살아야 했으며, 죽거나 혹은 죽을 때가 되어서야 궁을 나올 수 있었던 한 많은 전문직 궁녀. 시대의 비운에 울었지만 궁도 어차피 사람 사는 곳이었기에 다양한 인생사가 그들에게도 펼쳐졌었다.

베일에 가려져 있던 궁녀의 사생활에 대해 알아보자.

조선 시대 궁녀가 되기 위한 테스트

조선 시대 궁녀는 10년에 한 번씩 뽑는다고 하지만 왕과 왕비 또는 세자궁 등의 각 처소에서 인력이 필요할 때마다 충원했다. 주로 공노비 중에서 선출되었으나, 생활이 곤궁해진 양인 중에서 궁녀로 발탁되는 경우도 있었다. 상궁 친척이나 인맥에 의해 열 살 전후의 소녀들이 일차적으로 선발되었다.

"엄마! 궁에 가서 살기 싫어요!"

"이것아! 답답한 소리 좀 하지 말거라. 궁에 가면 이제 굶을 일도 없고 비단옷도 입을 수 있어. 집 생각일랑 아예 하지도 말고, 상궁 나리께서 시키는 대로 잘 보고 배워야 한다. 그래야 너도 살고 남은 우리도 다 살아! 이 어미는 그저 너만 믿는다. 우리 아가, 미안하다!"

조선에서 가장 엄격하고 비밀스러운 곳인 궁에서 일해야 할 인력을 나이만 보고 데려가진 않았다. 첫째 부인의 딸이어야 했고, 집안에 역적은 물론이고 중죄인도 없어야 했으며, 조상이나 근친 중에 역질을 앓은 사람이 있어도 안 되었다. 서류전형 탈락이었다.

또 궁에 들어왔다고 모두 궁녀가 될 수 있는 것도 아니었다. 인턴 과정인 생각시가 되기 위한 첫 번째 테스트인 앵무새 피 처녀 감별법을 통과해야 했다. 궁녀는 잠재적으로 왕의 승은을 받을 수 있는 이들이었다. 열 살 전후의 나이라도 처녀만 궁녀로 입궁이 가능했는데, 도대체 어떻게 알아냈단 말인가?

먼저 아이가 자신의 한쪽 팔을 걷어붙인다. 그러면 의녀가 앵무새의 피를 아이의 팔에 떨어트린다. 앵무새의 피가 흘러내리지 않으면 통과, 흘러내리면 집으로 돌아가야 한다. 너무나 비과학적인 이 앵무새 피 테스트는 혹시 심리 테스트가 아니었을까 싶다.

태어나서 처음으로 궁에 들어온 아이는 눈이 휘둥그래졌을 뿐만 아니라 심리적으로도 완전히 위축되었을 것이다. 그러나 어린 나이지만 직감적으로 테스트를 반드시 통과해야 한다는 심적 부담감은 가중되었을 것이다. 이런 상황에서 거짓말이 들

통날 게 두려운 아이들은 팔을 심하게 떨었기 때문에 피가 떨어진 게 아닐까. 어쩌면 맨정신으로 살아남기 힘든 궁 생활의 적응 여부를 판단하기 위한 담력 테스트가 아니었을까.

이 테스트를 통과한 이들을 '생각시'라고 부르는데, 선배 궁녀들에게서 도제식 교육을 받으며 본격적인 궁 생활이 시작된다. 중국의 궁녀들이 글도 몰랐던 것과 달리 조선의 궁녀들은 한글은 물론이고 한문과 『삼강행실도』까지 익힌 전문직이었다.

"얘야, 넌 집에 가고 싶지 않니?"

"너 한가한가 보구나. 난 배울 게 너무 많아 엄마 생각도 나지 않아."

다음은 평생을 보내게 될 부서 배치의 시간이다. 도열해 있는 생각시들 앞에 각 부서의 나인과 상궁들이 직접 나온다.

"어디 손을 좀 보자꾸나. 너는 손이 거친 게 빨래를 잘하겠구나. 세수간으로 가거라."

"너는 손이 작아도 야무져 보이니 바느질을 잘하겠구나. 침방으로 가거라."

마지막으로 상궁들의 여왕 제조상궁이 '지밀나인'으로 키울 생각시를 데려갔다. 왕과 왕비의 최측근을 지키는 부서인 지밀은 핵심 부서였다. 그래서 다른 생각시보다 더 어리고 똑똑한 아이들을 뽑아 완전무결한 궁녀로 만들기 위한 혹독한 교육 절차에 돌입한다.

생각시가 나인이 되기까지

— ❋ —

조선 왕실의 성인들은 한데 모여 밥을 먹거나 잠을 자는 게 아니라 독립 세대로 살았다. 그래서 왕이 머무는 대전, 중전이 머무는 중궁전, 대비와 세자가 머무는 대비전과 동궁전 별로 궁녀들을 따로 뽑아 관리했다.

총책임자인 '제조상궁'을 위시해 왕의 어명을 받드는 대령상궁, 한문 교서를 한글로 바꾸는 등의 업무를 하는 시녀상궁, 양육을 담당하는 보모상궁 아래로 업무가 세분화되어 궁녀들이 궁 구석구석의 일을 나눠 맡아 처리했다.

'보모상궁'은 어린 왕자나 공주를 양육하는 일을 했는데, 고된 일이지만 인생 역전의 가능성이 지밀상궁보다 높았다. 모시고 있는 왕자가 왕이 되는 날에는 자신은 물론 집안 모두의 신분이 달라지고 막대한 부를 얻을 수도 있었다.

어린 시절 자신을 키운 궁녀에게 성인이 된 왕은 현대 사회의 우리가 이모에게 느끼는 감정과 비슷했을 것이다.

"엄 상궁! 그간 고생했네. 내 이제 왕이 되었으니 자네 고생도 끝이네."

이외에도 옷과 이불을 제작하는 침방, 세탁을 담당하던 세수간, 매끼 수라와 잔치 음식을 준비하던 장금이가 일하던 소주방, 하루 종일 식혜 등의 음료와 간식을 만들던 생과방 등이 있었다.

궁녀들은 궁 안에서 들은 건 들은 곳에 두고, 본 건 본 곳에
두고 와야 했다. 궁녀의 첫 번째 덕목이자 규율인 말조심을 강조
하는 말이다. 왕실 사람들도 똑같은 사람이었지만 지엄한 존재
로 남아야 했다.

로열 패밀리들을 최근 거리에서 보좌하는 궁녀들이 그들의
인간적인 모습에 대해 말을 옮기고 다니다 보면 왕실의 존엄은
유지되기 어려웠을 것이다.

그래서 생각시를 대상으로 한 독특한 신고식도 말조심에 관
한 것이었다. 어두운 밤, 궁의 은밀한 곳에 영문도 모른 채 생각
시들이 모였다.

"혹시 무슨 일인지 들었니?"

"몰라! 우리 나인 언니에게 아무리 물어봐도 언질도 안 주는
게 너무 무서워!"

잠시 후 어둠 속에서 횃불을 든 내시들이 나타나 생각시들의
입을 지지는 시늉을 하며 "지부리 글려"라고 고압적으로 외쳤다.
궁에 막 들어온 이들에게 붙은 잡귀를 몰아내는 주술적 의미를
겸한 것이었는데, 어린 소녀들에게 말에 대한 공포심과 경각심
을 동시에 일으키기 위한 행위였다.

생각시는 10년이 지나면 계례식을 올렸다. 성인식과 혼례식
을 겸한 의식이지만 신랑과 하객은 물론이고 가족도 참석하지
않는 슬픈 결혼식이었다. 대신 그들을 직접 가르친 상궁이 옷도

손수 해 입히고, 비녀를 꽂아주며 친정 어머니의 역할을 했다.

"그간 내 밑에서 일 배우느라 고생 많았다. 네가 미워서 그런 게 아니라 궁에서 죽지 않고 살게 하고자 혹독하게 가르쳤다. 이제 오늘부터 너는 생각시가 아니라 나인이다. 진짜 궁녀가 된 것이야. 이리 와 보거라. 한 번 안아보자. 참으로 어여쁘구나."

"상궁님 덕분에 제가 나인이 되었사옵니다. 이 은혜 평생 잊지 않겠습니다."

나인이 되면 다른 부서의 나인과 한 방을 쓰는데 두 사람은 거의 20년 가까운 시간을 한 방에서 보내게 된다.

"엄 나인! 너랑 한 방을 쓰게 되어 참으로 다행이야! 잘 지내 보자꾸나."

"엄 나인? 내가 나인이 되다니, 꿈만 같지 뭐야! 천 나인, 반가워! 나인이란 소리가 지겹지도 않고 이리 정겨운 줄 미처 몰랐네."

상궁이 되기 위해선 또다시 15년을 기다려야 했지만, 나인이 된 날의 기쁨을 오래도록 간직할 것이다.

궁녀의 근무 행태에 관하여

—❈—

궁녀들의 근무 시간은 부서나 처소마다 달랐는데, 여가 시간이 의외로 많아 바느질과 글씨 연습을 하기도 했다. 궁녀들의 서체가 따로 있었는데 개인의 취향이 반영된 게 아닌 마음을 다스리기 위한 방편이었다. 한창 나이의 소녀들에게 궁 안 생활은 감옥과 다르지 않았을 것이다.

지밀나인들은 다른 나인들에 비해 5년 정도 빨리 상궁이 되기도 했지만 업무 강도가 매우 높았다. 왕이나 왕비의 침전을 3교대로 지켰으며, 숙직할 경우 하루의 휴식이 주어졌다. 지밀 상궁이나 나인들의 숙직 명부조차 극비로 다뤘다고 하니, 업무

도중 스트레스가 상당했을 것이다.

"천 나인! 나는 지밀 애들이 하나도 부럽지 않더라. 몸이 편하면 뭐 하니, 마음이 편해야지. 허구한 날 바짝 긴장해서 잠도 제대로 못 자고 말이야. 5년 빨리 출세하려다가 10년 먼저 죽는 수가 있어. 난 잠이나 자련다."

"엄 나인! 쓸데없는 걱정은 하지 말게. 자네는 어차피 지밀에 뽑히지도 못하지 않았나. 뭐야, 벌써 그새 잠든 것이야?"

실록에는 궁녀들에게 매달 지급된 월급에 관한 기록이 있다. 나인의 경우 첫 월급으로 쌀 네 말, 북어 열세 마리, 콩 한 말 등을 받았으며, 상궁의 경우 나인보다 서너 배 더 많았다.

현대의 화폐 가치로 정확한 환산은 어려우나 공노비들은 상상도 하기 어려운 재물을 모을 수 있었다. 이런 이유로 공노비는 물론이고 양인들마저도 딸을 궁녀로 보내길 바랐다. 인조부터 무려 세 명의 왕을 모시며 이재에도 밝았던 상궁 박씨는 개인 저택과 논밭은 물론이며 노비까지 부렸다고 한다.

궁녀들은 집안에 긴급한 일이 생기거나 녹봉을 받으면 드물게 외출이 허락되었는데, 먼저 직속 상궁에게 허락을 받고 담당 환관에게 또 허락을 받아야 하는 까다롭고 치사한 절차를 거쳐야 했다.

"엄 나인! 정녕 아니 나갈 것이야? 우리가 언제 또 궁 밖 바람을 쐴 수 있을지 몰라."

"난 그냥 잠이나 자련다. 우리 상궁 성깔 알잖나. 무슨 연유를 그리 꼬치꼬치 물어보는지. 또 조심해야 할 건 뭐 그리 많고. 그 잔소리 듣고 있다 보면 반나절이야. 거기다 조 환관, 그 인간의 능글맞은 눈빛까지. 어휴, 내 그냥 안 나가고 말지. 네가 나가는 길에 우리 집에도 들러 안부나 좀 전해주렴."

엄 나인처럼 외출은 물론 상궁으로의 승진도 관심 없는 궁녀도 있지만, 야망으로 가득 찬 나인들도 있었다. 그들은 정1품 제조상궁의 비위를 맞추는 건 물론이고 왕의 옆을 지키는 환관에게도 줄을 댔다.

당상관 이상의 관리보다 녹봉도 많고 수발을 드는 하녀와 옷을 만드는 나인까지 둔 제조상궁은 궁녀들이 도달하고자 하는 마지막 자리였다. 그래서 나인들뿐만 아니라 관리들까지 제조상궁이나 영향력 있는 환관과 가깝게 지내려 했다. 심지어 그들과 의형제나 의남매를 맺기도 했다고 하니 상상만으로 재밌다.

"아이고, 우리 동생! 어찌 이리 얼굴 보기 힘든가! 내 그동안 너무 적적했네. 혹여 필요한 건 없는가?"

"좌상 대감 덕분에 별일은 없사오나, 다만…."

"대감은 무슨 대감. 그냥 편하게 오라비라고 부르라니까. 다만? 다만 무엇이 필요한가? 어서 말해보게."

"우선 이 손을 좀 치우시면 말씀드리겠습니다, 오라버니."

"이런! 미안하네 그려. 이게 버릇이 되어서."

청와대 내에는 일곱 명의 위패를 모신 '칠궁'이라는 잘 알려지지 않은 곳이 있다. 그곳에는 왕비가 되지 못해 종묘로 가진 못했지만, 자신이 낳은 아들이 왕이 된 후궁들의 위패가 모셔져 있다. 대표적인 인물로 사도세자의 생모와 장희빈 등이 있는데, 순조의 생모를 제외한 여섯 명이 궁녀 출신이다. 특히 영조의 어머니는 상궁도 나인도 아닌 물을 기르던 궁녀 중에서도 최하위직인 무수리였다.

무수리에서 내명부에 이름을 올리고 아들이 왕까지 되는 유일한 방법은 왕과의 동침, 즉 승은이다. 승은을 입고 정4품에 해당되는 특별상궁이 되면 그간 했던 모든 일에서 면제될 뿐만 아니라 완벽한 신데렐라 스토리가 현실에서 구현된다.

그러나 로또보다 낮은 확률로 그 수가 워낙 적기에 역사에 기록되는 것이었다. 나머지 대다수 궁녀는 삶의 터전이 그저 궁인 생활인으로서 고된 하루를 이어가야 했다.

궁내에서의 금지된 사랑

종족 번식의 목적 외에도 사랑을 하는 유일한 동물이 인간이며, 이는 인간의 본능이다. 평소 코빼기도 볼 수 없는 왕을 제외한 이성과 교제할 수도 없고, 숨 막히는 법도로 가득한 궁에서 동성애가 피어난 건 어쩌면 불가피한 일이었다.

궁녀 간의 동성애를 비롯한 궁내에서의 금지된 사랑에 관한 실록의 기록을 살펴보자.

연산군 10년의 글을 보면, "선왕조의 교붕(동성애) 풍속을 개혁하고자 했는바 이를 두려워하지 않고 범하는 자가 많다."라고 되어 있다. 『정조실록』를 보면, 궁인과 환시가 동성애의 죄를 저질러도 한결같이 덮었기에 대궐에서 해산하기도 하고 장번 중관이 방자하게 침실의 가까운 곳에서 교간하기도 한다. 명나라 말기에는 동성애를 어쩔 수 없는 일로 판단해 처벌하지 않거나 못 본 척했다는 기록도 있다.

궁녀들의 사생활을 감시하는 감찰상궁이 있었으나, 수백 명에 이르는 궁녀들을 어찌 일일이 다 억누를 수 있었겠는가. 그럼에도 성리학의 나라 조선에서도 궁녀들의 쌓인 한을 풀어줄 대책이 필요했다. 바로 출궁이다.

조선 시대에는 극심한 가뭄이 들면 왕이 기우제를 지내기도 했지만, 궁녀들의 한을 풀어준다는 명목으로 숙종과 영조 대에 출궁시킨 기록이 있다. 또한 궁 안에서 궁녀가 벼락을 맞고 죽었을 때도 40명을 출궁시켰고, 우물에 몸을 던지는 궁녀가 나왔을 때도 수십 명을 출궁시켰다.

그러나 궁 밖으로 나가서도 궁녀들은 『경국대전』에 명시된 법에 따라 혼인할 수 없었다.

"궁중에서 내보낸 궁녀를 데리고 사는 자는 장 100대에 처한다."

영조 대에 편찬된 법령집인 『속대전』에도 궁녀들의 사생활을 엄격히 막는 법령이 있다.

"궁녀가 밖의 사람과 간통하면 남녀는 즉시 참수한다. 임신한 자는 출산 이후 100일을 기다렸다가 집행하는 예를 따르지 않고 즉시 집행한다."

도대체 어쩌란 말인가! 궁 안에선 어쩔 수 없다 해도 출궁 후에는 자유로운 삶이 보장되어야 하지 않겠는가. 하지만 궁녀는 환관처럼 거세도 당하지 못한 채 인간의 본능을 억누르며 오직 왕실을 위해 살아야 했다.

죽음을 앞둔 궁녀의 경우

왕족을 제외한 그 누구도 궁 안에서 죽을 수 없었다. 조선 왕실의 법도였다. 이에 따라 나이가 들어 쓸모가 다한, 죽음을 앞둔 궁녀들은 강제로 출궁당했다. 그것도 사람들이 왕래하는 문이 아닌 환자나 급사한 사람이 나가는 문인 요금문을 통해서 말이다. 궁을 떠나는 나이 든 상궁들을 배웅하고자 많은 궁녀가 짬을 내 나온다.

"어머니! 이리 가시면 억울해서 어쩝니까! 앞으로 어찌 살아간단 말입니까!"

"아이고, 불쌍한 우리 상궁 어른! 시집도 한 번 못 가고 궁에서 죽어라 고생만 하다 이리 쫓겨나네. 불쌍해서 어쩌누."

나인과 젊은 상궁들은 명백한 자신의 미래를 보며 눈물 흘렸으며, 출궁당하는 늙은 상궁은 흐릿해진 자신의 과거인 나인과 생각시를 보며 눈물 흘렸을 것이다.

"아가! 이리 와 보거라. 너는 조금 덤벙되는 게 흠이지만, 네 나이 때는 누구나 그런 것이니 너무 자책하지 말거라. 옳지! 너도 있었지. 너는 어린데도 맡기는 일을 야무지게 하는 걸 보니 좋은 상궁이 될 것이다. 부디 딴마음 먹지 말고 그저 팔자려니 하고 살다 보면 또 살아지는 게 인생이다."

후손도 없고 부모님도 이미 다 돌아가신 나이 든 궁녀들은 불교에 귀의하기도 했다. 그동안 모은 돈으로 시주하며 사그라져 가는 육신을 부처님께 의탁했던 것이다. 만약 그들도 명망 높은 스님과 같은 장례 절차를 따랐다면 여느 스님 못지않은 사리가 나오지 않았을까?

모시던 왕이 죽으면 궁녀들은 3년상을 치르고 궁을 떠나야 했다. 재위 기간이 무려 46년에 달했던 숙종의 3년상이 끝나자

궁을 떠난 수많은 궁녀가 한곳에 모여 살기 시작했고, 오늘날 은 평구 인근의 '궁말'이라 불리던 곳은 숙종 이후 오랫동안 궁을 떠나는 궁녀들의 안식처가 되어 조선 말기까지 20~30가구가 유지되었다.

절절함의 측면에서 두보나 이백의 시에 뒤지지 않는 궁녀의 시가 있어 소개한다.

앞 못에 들어 있는 물고기들아!
누가 너를 몰아다가 넣었느냐!
북쪽 바다나 맑은 연못 어디 두고 이 연못에 들어 있느냐.
한번 들어가 못 나오는 심정은 너와 내가 다르랴!

가족을 이루고 출퇴근했던 조선 왕의 남자들

남성성을 상실했지만 자신들만의 독특한 영역을 구축한 내시 또는 환관이라 불리던 이들이 있다. 중국에선 기원전 13세기경 상나라의 상형문자에서 처음 기록이 나왔고, 우리나라에선 9세기경 신라 흥덕왕 때 처음 등장한다.

1908년, 역사에서 완전히 소멸했지만 편향된 시각으로 우리에게 각인된 궁 안의 내전과 외전을 자유롭게 오갈 수 있었던 유일한 존재인 내시의 사생활에 대해 알아보자.

고려와 조선, 그리고 중국의 내시

환관, 환자, 화자의 한자에는 성 상실의 의미가 포함되어 있지만, 내관, 내시는 남성을 일컫는 말이다. 고려 시대 내시는 조선 시대 내시와 달랐다. 과거에 급제한 남성 문신들이 그 자리를 차지했는데, 『삼국사기』를 지은 김부식의 아들과 성리학의 시조라 불리는 대학자 안향도 내시였다.

무신정변을 야기한 고려 의종의 유모를 부인으로 맞은 환관 정함이란 자가 있었다. 그는 무도한 의종의 권세를 등에 업고 온갖 악행을 저지르며 내시의 자리에 오른 인물이다. 『고려사』에 따르면 정함의 집은 200칸이 넘었고, 궁궐처럼 화려했다고 한다. 또한 그들을 중용해 고려의 사직이 오래가지 못했다고 기록했는데, 조선의 설계자 정도전은 이를 반면교사 삼아 『경국대전』을 통해 내시의 역할을 철저히 제한시켰다. 내시와 환관의 구분이 없어진 건 조선 시대 들어서다.

중국 환관과 조선 내시의 결정적인 차이점이 있는데, 조선의 내시가 고환만 없는 것에 반해 중국의 환관은 고환은 물론 생식기도 없다. 우리나라는 사고를 당한 아이들이 내시가 되었지만, 중국은 한족이 아닌 이민족 포로에게 궁형을 내려 환관으로 만들었기 때문이다.

궁형은 일반 죄수에게도 내려졌는데, 사마천에게 미안한 말이지만 그가 궁형을 당하지 않았더라면 중국 최고의 역사서 『사기』는 탄생하지 못했을 것이다.

조선은 전쟁포로도 없었고 궁형 또한 존재하지 않았기 때문에, 선천적인 장애를 가진 내시 후보를 구하는 데 어려움이 있었다. 개에 물리거나 사고를 당한 아이들과 태어날 때부터 고자인 아이들이 내시가 될 수 있었다.

내시가 되기까지, 그리고 이후

조선의 내시는 일반적인 예상과 달리 입양으로 가족을 이루고 살았다. 각 고을의 아이들을 인맥으로 소개받거나 관청에서 추천하면 내시들이 아이들을 입양해 호적에 올렸다. 내시들의 족보가 오늘날까지 전해지는 데 아버지와 아들, 손자의 성씨가 서로 다른 이유다. 『고려사』에는 이목을 끄는 기록이 있다.

> "아버지가 아들을, 형이 동생을 또는 어떤 사람들은 스스로 거세하기도 했다."

앞서 언급한 고려 시대 내시 정함을 빗대 권력이 고자에서 나온다는 말이 돌 정도로 내시의 권력이 막강한 시절이 있었다.

인위적으로 내시가 되려는 자들이 있었고, 법이 존재하는 모든 시대에는 불법이 존재하는 게 세상의 이치다.

정상적인 군주 아래에서 내시는 권력을 누릴 수 없었지만, 양반을 능가하는 월급을 받는 직업인 내시는 천민이나 양민들에게 충분히 매혹적이었다. 고수익에는 고위험이 동반되는 것이며, 이를 추종하는 사람들은 언제나 어느 곳에나 있었다.

"자원아! 너 혹시 궁에서 살고 싶지 않느냐? 우리 집은 형제자매만 아홉이라 밥도 제대로 못 먹지만, 궁에 들어가면 배불리 밥도 먹을 수 있고 돈도 많이 벌 수 있단다. 힘든 농사일을 안 해도 되고. 어떠냐?"

"참말입니까? 아버지, 그럼 저는 궁에 가서 살겠습니다. 언제 갈 수 있습니까요?"

"어허, 그놈 참! 성격도 급하긴. 내 그럼 인근에 사는 내시 나리께 말해 놓을 터이니, 며칠만 기다려라. 대신 궁에 들어가려면 오늘 이 아비랑 어디 좀 다녀와야 한다. 어서 가자."

"비가 이렇게 많이 오고 천둥 번개까지 치는데, 지금이요? 천둥이 그치고 내일 가면 아니 되는 겁니까?"

"아니다, 서둘러야 한다. 천둥이 치는 날에만 문을 여는 집이다. 어서 가자."

조선 시대 영등포 샛강 인근에는 거센 비가 내리고 번개와 천둥이 치는 날에만 손님을 받는 움막이 있었다는 구전이 전해진다. 그곳에선 더 이상 전해지지 않는 방법으로 자궁을 시행했는데, 스스로 또는 부모의 손에 이끌려 내시가 되어야 하는 아이들이 반드시 거쳐야 하는 곳이었다. 천둥과 빗소리는 마취가 없던 시대의 비명을 막아주는 유일한 방음 도구였다. 또한 내시가 되기 위한 과정을 수련시켜 주는 민간 양성소도 있었는데, 사람들은 그녀를 쇄기 할머니라고 불렀다고 한다.

이런저런 사연을 안은 열 살 전후의 아이들이 내시부에 모이면 다시 한번 엄중한 신체검사를 실시한다. 왕의 여자들을 지키고 감독하기 위함으로, 생식 능력이 없어야 하는 한편 신체적으로 다른 결함이 있어선 안 되었다. 면밀한 신체검사를 거친 후에는 혹독한 체력장을 통과해야 했다.

내시는 여차하면 왕을 업고 달려야 하므로 강한 체력이 필요하고, 물리적 폭력에도 왕의 비밀을 지켜야 한다고 여겼다. 그래서 사람을 업고 달리는 시험과 물속에서 오래 참기, 거꾸로 매달려 버티기, 눈이나 코에 흙을 집어넣기 등의 인내력을 확인하는 시험을 거쳐야만 했다. 이 모든 과정을 거친 90여 명의 어린이만이 인턴 과정에 돌입할 수 있었다.

"이 고생을 했는데, 아직도 내시가 아니라고요?"

"예끼. 이런 방자한 놈을 봤나! 내시 되는 일이 그리 쉬운 줄 알았더냐? 어서 가서 마당이나 쓸지 않고 뭐 하느냐?"

인턴은 궁궐 청소와 잔심부름을 하며 무려 10년의 세월을 보

내야 했다. 물론 그동안 궁 안에서 눈치와 몸으로 체득하며 더 많은 걸 배웠다. 10년이 지나면 다시 한번 신체검사를 했는데, 서두에 언급한 대로 조선의 내시는 고환만 없기 때문에 성장하면서 남성성을 되찾는 경우가 더러 있었다. 그런 자들을 걸러 내지 못하면 전혀 예상치 못한 사건 사고가 발생했기 때문이다.

"지금 풍속을 보면 거짓이 많아 고자들도 진짜가 아닐 수 있으니, 도승지는 의원 김홍수 고세보와 함께 협양문 밖에서 음신이 있는지 없는지 상고해 아뢰라."

남성성을 되찾았거나 혹은 교묘히 감춘 내시들이 궁 안을 왕래하던 민가의 여인은 물론이고 궁녀들과도 스캔들을 일으켜 연산군이 내시들의 신체검사를 실시했다는 기록이다.

밀폐된 공간인 궁 안에 모인 청춘들 사이에서 사랑이 꽃피는 건 어쩌면 자연의 섭리였다. 그러나 궁 안에 사는 성인 남자는 오직 왕 하나여야 했던 게 군주제다.

내시가 되어서도 승진과 내시의 몸을 유지하기 위한 수련의 과정은 삶처럼 계속되었다.

"처선아, 그간 고생 많았다. 하지만 내시가 되었다고 결코 공부를 소홀히 해선 안 되고, 마늘을 먹어서도 안 된다. 모든 걸 이룬 게 아니라 이제 겨우 시작이라는 걸 결코 잊어선 안 된다."

조선의 내시는 중국의 내시들과 달리 학식이 높았다. 1년에 서너 차례씩 『논어』『맹자』『중용』『대학』 중 한 권, 『소학』이나 『삼강행실도』 중 한 권을 택해 시험을 치렀다.

"아니! 또 시험이란 말입니까? 아주 지겨워 죽겠습니다. 처선 형님은 안 지겨우십니까?"

"지겨워도 어쩌겠나. 이게 다 임금님을 잘 보필하기 위한 수련의 과정인 것을. 조금 어렵지만 시험을 안 보는 방법이 있는데, 알려줄까?"

"그것이 무엇이옵니까? 공부만 안 해도 된다면 무슨 일이든

하겠습니다."

　시험을 면제받는 방법은 단 하나, 더 이상 시험이 필요 없다는 실력을 입증하는 것이었다. 자신이 아닌 시험관이 지정한 두 권 중에서 임의로 지정된 여섯 곳을 읽고 해석하면 평생 시험이 면제되었다.

　"형님! 그냥 제가 정한 책으로 시험을 보도록 하겠습니다."

　마늘은 양기를 돋우는 최악의 음식으로 내시에게 엄격히 금기했으니, 내시가 되지 않으려는 자들에겐 최고의 음식임을 참고하기 바란다.

내시의 임무와 근무 행태
── ❈ ──

『경국대전』은 140여 명에 이르는 내시의 임무를 크게 네 가지로 정리했다. 먼저 왕의 수라상을 관리 감독하는 대내감선, 왕명을 전달하는 전명, 성문을 지키는 문지기, 그리고 궁궐을 청소하는 소제로 나눴다.

　이외에도 궁녀가 하기 어려운 잡다한 일과 책임 소재가 명확히 규정되어 있지 않은 왕실의 제사와 재산 관리, 건축 공사 등의 일까지, 내시의 업무 폭은 세월이 지날수록 넓어졌다.

　"마땅한 자가 없다면 김자원에게 맡기도록 하라. 능히 잘 해

낼 것이다.”

　내시직 말단은 청소나 정원 관리 등을 하는 종9품에서 위로
는 왕의 수라를 책임지는 종2품 상선이 최고 품계였다. 모두가
관직을 받는 것도 아니었고 근무 평점에 따라 승진을 하거나 출
궁을 당하기도 했다.

　품계로 따지면 왕의 수라상을 관리하는 상선이 최고위직이
었으나, 왕명을 전달하는 승전색과 종4품에 불과하지만 대전의
침실을 지키는 대전 환관의 영향력도 무시하기 힘들어 관리들
도 그들의 눈치를 봐야 했다.

　“이보시게, 오늘 주상 전하 심기가 어떠신가? 내 오늘은 필히
주상께 올릴 주청이 있는데 말이야.”

　“대감! 지난 밤에 늦게 잠자리에 드셔서, 내일 찾아뵙는 게
나을 것이옵니다.”

　내시들은 결혼도 하고 입양으로 가족을 이뤘으니 당연히 궁
밖에 집도 있었다. 21세기 핫플레이스로 떠오른 서순라길은 조
선 시대 내시들이 많이 모여 살던 지역이었다.

　내시의 근무 형태는 궁으로 출퇴근하는 출입번과 교대 근무
를 하는 장번으로 구분되었다. 장번은 왕과 세자궁에만 존재하
던 근무 형태였는데 근무 시간이 길지만 승진도 빨랐다. 그러나
교대 근무를 하던 이들도 궁 인근에 집은 있었다.

　“아이고! 나이가 드니 이제 몸이 힘들구나. 작년만 해도 사나

흘 버티는 건 쉬웠는데 말이야. 자원아! 내 오늘은 집에 좀 다녀오겠다. 일 생기면 속히 사람 보내고. 수고하거라."

"네! 염려 말고 푹 쉬고 오십시오."

오늘날 세종로의 정부청사는 조선 시대부터 유래된 것이다. 『신증동국여지승람』에 따르면 광화문 앞에 조선의 행정부인 6부가 있었고, 내시부는 오늘날 효자동 인근에 있었다.

내시들의 월급은 얼마였을까? 말단 내시들은 쌀 아홉 말을 받았고, 내시계의 영의정이라 할 수 있는 대전상선은 쌀 한 석과 콩 한 말을 받았다. 이는 정1품인 영의정의 녹봉보다 많았다.

또한 건강 관리만 잘한다면 정년도 없었고 은퇴한 환관에게는 집과 연금 형태의 쌀까지 지급되니, 내시는 가히 양민들에게 꿈의 직장이라고 할 수 있었다.

내시가 왕실의 권력을 등에 업고 말았다
— ❈ —

조선은 고대 중국과 고려 시대 환관의 횡포를 반면교사 삼아 그들의 정치 개입을 차단하는 데 심혈을 기울였다. 그러나 세상일이라는 게 주의하고 예방한다고 다 막아지는 게 아니다.

조선에서도 드물지만 내시가 왕실의 권력을 등에 업고 역사에 소용돌이를 일으킨 적이 있다. 현대 정치와 마찬가지로 시스

템이 무너졌을 때 권력자의 측근이 미세한 균열을 뚫고 나왔고 그 틈이 거대한 싱크홀이 되어 나라의 근간을 뒤흔들었다.

나쁜 내시의 대표적인 인물로 문정왕후 수렴청정 기간의 내시 박한종이 있다. 문정왕후가 정권을 잡는 과정은 우연과 필연의 연속이었다. 중종의 세 번째 부인으로 궁에 입궁했으나, 앞선 두 중전이 각각 폐위와 출산 후 사망했고 당시로선 노산인 서른다섯 나이에 아들을 출산하며 위태로운 정치 생명을 이어 나갈 수 있었다. 그러나 그녀와 어린 아들에겐 강력한 라이벌이 있었으니, 중종의 두 번째 부인 장경왕후의 장성한 아들이었다.

"아가! 빨리 자라서 보위에 올라야 한다. 이 어미를 네가 꼭 지켜다오. 궁에는 엄격한 법도는 있지만, 정이란 건 없다. 이 어미는 숨이 막히는구나."

그러나 남편인 중종 사망 당시, 그녀 아들의 나이는 겨우 열한 살이었다. 왕좌는 서른 살이 된 장경왕후의 아들에게 돌아갔고, 그가 조선 제12대 왕 인종이다. 문정왕후와 그의 어린 아들은 궁에서 기댈 곳이라고는 없는 낙동강 오리 알 신세가 되었다.

"우리 아들 불쌍해서 어쩌누. 이 어미는 또 어쩐단 말이냐."

궁에서 낙동강 오리 알이 된 왕자의 운명은 물리적 죽음 혹은 정치적 사망을 의미하는 것이었다. 그때 중종 말기부터 승전색을 지내던 환관 박한종이 문정왕후에게 손을 내민다.

"마마! 저 박한종이옵니다. 긴히 드릴 말씀이 있사옵니다."

"박한종? 승전색이 내게 무슨 일로? 어서 들어오게."

왕의 명령을 전하는 내시인 승전색은 왕의 최측근이었다. 그는 문정왕후에게서 강한 권력의 냄새를 감지했던 걸까, 새로 부임한 왕 인종의 건강 상태가 좋지 않음을 파악하고 양다리를 걸친 걸까. 실록에는 그의 처세술에 관한 기록이 적나라하게 적혀 있다.

'인종의 병세가 회복될 가망이 없음을 알고는 곧바로 대비전에 빌붙어….'

박한종은 왕의 명령을 전하는 승전색이었기 때문에 늘 왕의 곁에 머물렀고, 왕의 건강 상태라는 국가기밀에도 접근할 수 있었다.

"대비마마! 긴히 드릴 말씀이 있어 이리 찾아왔사옵니다. 아뢰옵기 황송하오나, 주위에 사람을 물리쳐 주시옵소서."

남자가 아닌 내시는 대비의 곁으로 다가가 귓속말까지 할 수 있었다.

"주상께선 앞으로 며칠을 견디기가 어려울…."

결과적으로 그의 처세술은 대성공을 거뒀다. 썩은 동아줄이라도 잡아야 했던 문정왕후는 기꺼이 박한종의 보험이 되어줬다. 조선의 제12대 왕 인종은 재위 9개월 만에 급작스레 승하하고, 문정왕후의 아들이 12세의 나이로 조선 제13대 왕 명종으로 즉위했으니 말이다.

"마마! 감축드리옵니다. 이제 마음 푹 놓으시고 두 발 뻗고 주무시옵소서."

"이게 다 자네 덕분이네. 내 이 은혜는 결코 잊지 않을 것이야. 하지만 자네나 나나 아직 다리를 뻗을 때는 아니네. 수렴청정으로 대신들을 휘어잡으려면 자네가 다시 나의 눈과 귀가 되어줘야 하네."

"역시 대단하십니다. 이 한 몸 대비마마께 다 바치겠사옵니다. 무슨 일이든지 시켜만 주십시오."

문정왕후의 수렴청정과 박한종

조선은 20세 이하의 어린 왕이 즉위하면 어머니인 대비가 정사를 봤다. 그러나 신하들이 모두 남성이었기에 성리학의 나라 조선에선 그 사이에 발을 내리고(수렴) 정사를 논했는데, '수렴청정'이라고 했다. 수렴청정은 조선 역사를 통틀어 총 일곱 차례 시행되었으며, 왕이 스무 살이 되면 '철렴환정'이라고 해서 대비가 물러났다. 하지만 문정왕후는 수렴청정 기간이 훌쩍 지나서까지 실질적인 권력을 행사했으며, 그의 말을 전하고 발이 되어준 이는 이번에도 내시 박한종이었다.

정4품의 상전 승전색은 정1품의 상선보다 직책은 낮았으나 왕의 최측근으로 때때로 막강한 권력을 누렸다. 신하들은 왕에게 의견을 전하거나 결제를 요하는 건이 있을 때 승정원에 안건을 상정했고, 이 안건은 반드시 내시 승전색을 통해 왕에게 전달되거나 신하들에게 하명되었다.

그러다 보니 박한종 같은 승전색은 자신의 이권을 위해 왕명을 왜곡하기도 했고 왕에게 보고를 누락하기도 해, 관리들의 불만이 많았다. 자신들이 하찮게 여기는 내시에게 과중한 권력이 주어졌다고 여겼다.

문정왕후는 자신의 권력을 공고히 하기 위해선 전원 남성으로 이뤄진 신하들보다 내시 박한종이 여러모로 편했다. 문정왕후는 불교 부흥에 사활을 걸었다.

"이보게! 많은 절을 창건하고 방방곡곡의 절마다 시주도 많이 하고 싶지만 유생과 선비들이 가만히 있지 않을 텐데, 무슨 좋은 방도가 없겠나?"

"마마! 유생들의 상소와 대감들의 반대는 한쪽 귀로 듣고 흘리시면 되지만, 결국 돈이 문제지요. 성리학의 나라에서 불교에 나랏돈을 쓸 수 없으니 말입니다. 하나 방도가 없는 건 아니옵니다. 내수사의 내탕금이 있지 않사옵니까?"

내수사는 왕실의 사유재산을 관리하던 기관으로 종로구 내수동의 유래이기도 하다. 왕실의 혼례나 대왕대비 진상, 생일잔치 등의 왕실 행사는 국고가 아닌 내수사의 내탕금을 사용했다.

"하나 내탕금이 돈이 솟아나는 곳간도 아니고, 내가 하려는 일에는 턱없이 부족할 텐데?"

"마마는 그런 하찮은 일에는 신경 쓰지 마시옵소서. 소인이 탈 안 나도록 잘 불려보겠나이다."

명종 8년, 문정왕후 수렴청정 기간에 내시 박한종은 내수사 수장인 내수자제조로 임명된다. 박한종은 다채롭고 악랄한 방법으로 내탕금을 불려 나갔다. 내수사는 비옥하거나 소출이 많이 나는 양민들의 땅을 빼앗는 건 물론이고 사대부의 재산도 강탈했다. 땅 도둑질은 물론이고 노비도 빼앗고, 각종 이권에 개입해 뇌물을 받으며 내수사에 돈을 비축했다.

그 과정에서 내시 박한종은 부와 권세는 물론이고 천수를 누리다 문정왕후가 사망하기 2년 전에 세상을 떠났다.

악행의 내시 김자원과 내시의 표상 김처선

폭군 연산군의 시대에는 악행을 일삼은 내시 김자원과 내시의 표상이라 불릴 만한 내시 김처선이 공존했다. 내시 김자원의 보직은 박한종과 같은 승전색이었다. 이성이 마비된 광기를 내뿜는 연산군에겐 직언을 하는 신하가 아닌 아첨을 하는 내시가 필요했다.

바른말 하는 신하들을 내치는 것도 모자라 참수형에 처하자 궁궐에는 모리배 같은 신하들만 남았고, 그 위에 왕명을 핑계 삼아 군림하던 이가 김자원이었다. 당시의 암울한 상황은 『연산군일기』에 기록되어 있다.

왕의 미치광이 같은 방탕이 이미 극에 달했다. 선왕의 후궁들을 모아 술잔을 들게 하고 밤낮으로 강제로 간음했다. 호랑이, 곰, 표범 등을 산 채로 잡아 후원에 가둬놓고 쏘아 죽이는 걸 낙으로 삼았다. 채홍사가 전국을 뒤져 여자아이들을 잡아가니, 여식 가진 부모들의 탄식과 울음이 산야에 가득했다.

연산은 인왕산에 백성이 오르면 궐내 연회 모습이 보인다 하여 출입을 금지시켰고, 팔도에서 잡아 온 소녀들의 거처를 마련하고자 궁 인근에 살던 백성을 강제로 쫓아냈다.

왕의 폭정에 견디지 못한 누군가 한글 벽서를 붙이자 왕은 한글 사용을 금지시켰다. 내시와 궁녀들 심지어 관리들에게도 목에 신언패를 걸게 했는데, 그곳에는 왕의 진심이 적혀 있었다.

'입은 화를 부르는 문이요, 혀는 몸을 베는 칼이다.'

왕명을 전달하는 승전색 김자원은 왕의 곁에서 달콤한 말로 연산의 귀를 데웠고, 왕명을 가장한 사사로운 말로 자신의 잇속을 챙겼다. 왕이 김자원의 비행에 오히려 힘을 실어주자, 신하들이 내시에게 고개를 숙였다. 왕의 곁에서 왕명을 전달하던 내시는 스스로 왕이 된 듯 오만방자하게 굴었으나, 누구 하나 나서서 말할 용기를 내지 못했다.

그때 나선 이가 바로 상선내시 김처선이었다. 내시의 최고직이자 왕의 수라를 감독하는 상선내시는 독살로부터 왕을 지키는 최후의 병사이기도 했다.

"자원이, 네 이놈! 왕명을 받들어야 할 자가 주상의 눈을 흐리게 하고 자신의 잇속을 챙기려 들면 나라가 망하는 법이다."

"어허! 이 형님이 진짜, 내가 아직도 코흘리개 내시로 보이시오? 나 승전색 김자원이외다. 내 옛정을 생각해 특별히 이번만 봐주는데, 추후 또 이러시면 저도 못 참습니다."

"뭣이라? 정녕 네 놈이 그러고도 내시의 소임을 다했다고 할 수 있느냐?"

"처선 형님! 벌써 여든이 넘으셨습니다. 예! 이제 제발 그만 좀 집에 가셔서 손자 재롱이나 보고 편하게 지내십시오."

연산 11년 1505년 4월 1일, 세종부터 연산군까지 무려 일곱 명의 왕을 보필한 내시 김처선은 마지막 왕 연산군을 위해 마지막 임무를 수행하기로 결심했다. 그는 입궁 전 아들과 부인에게 무거운 말을 꺼냈다.

"부인! 내가 오랫동안 품은 생각을 말하는 것이니 말릴 생각은 마시오. 다만 나도 내시 이전에 한 집안의 어른으로 깊은 고민을 했다는 것만 알아주면 고맙겠소. 참으로 어려운 결정이었소. 작금의 주상에게 곧은 말을 하는 건 죽음을 뜻하는 것이오.

그러나 내시된 자로 어찌 소임을 마다하고 죽음을 두려워하리오. 이대로 죽어선 선왕들을 뵐 낯도 없을뿐더러 종묘사직이 위태로운 지경이니 어찌 아니 나서겠소. 그럼 난 이만 궁으로 가보겠소. 나오지들 마시게."

김처선은 울며 매달리는 가족을 뿌리치고 마지막 출근길에 올랐다. 어찌 그도 죽음이 두렵지 않았겠는가. 궁으로 가는 길에도 생각은 수십 번 바뀌었으나, 입궁하자 결심이 단단해졌다.

왕은 대낮부터 술판을 벌였고, 처선은 마지막 예를 다하고자 그를 기다렸다. 그리고 해가 뉘엿뉘엿 질 무렵 내시 김처선이 왕 앞에 무릎을 꿇었다.

"어? 우리 상선 내관께서 어쩐 일인가? 짐이 내리는 술 한 잔 받으러 온 것인가?"

"주상 전하! 제가 모신 임금들 중 누구도 전하처럼 행동한 군주는 없었습니다. 제발 이제라도 정신 차리시고 백성을 위한 정치를 하십시오."

연산군을 비롯한 주위의 모두가 늙은 내시의 말에 사지가 얼어붙었고, 사위는 새벽처럼 고요해졌다. 누구보다 놀란 이는 왕 자신이었다.

"뭐, 뭐라 했나? 내가 지금 헛것을 들은 것이냐? 저 내시 놈이 노망이 난 것이냐? 감히 여기가 어디라고. 어디 죽고 싶거든 다시 한번 말해 보거라."

"전하! 조정 대신들도 죽음을 두려워하지 않았는데 어찌 이 늙은 내시가 죽음 따위를 두려워하겠습니까! 다시 한번 주청 드리옵니다. 저를 죽이시고 옳은 정치를 하시겠다면 종묘사직을 위해 기꺼이 이 한목숨 바치겠나이다."

"너는 말로는 도저히 가르칠 수 없겠구나."

연산군은 김처선을 향해 망설임 없이 화살을 쏘았고 쓰러진 그를 칼로 베었다. 김처선은 혼신의 힘을 다해 피와 함께 말을 쏟아냈다.

"내가 이 말을 하는 건 내가 살기 위함이 아니고 주상을 위한 것임을 어찌 모르신단 말이요. 이런 식으로 바른말 하는 자를 모두 죽이다간 보위를 더 이상 지키지 못할 것입니다."

이미 화살을 맞고 칼에 베여 한 줌의 시간도 남지 않은 그가 무엇이 두려웠으랴. 연산군은 이날의 심경을 시로 남겼다.

이토록 백성에게 잘해왔건만 내시가 임금을 모욕할 줄이야.
부끄럽고 아픈 마음이 극에 달해 바닷물에 씻어도 한이 남으리.

연산군의 분노는 시에서 그치지 않았다. 재위 말년의 연산군은 명백한 광인이었다. 왕은 김처선과 이름이 같은 대신에겐 개명을 명했고, 왕실의 모든 문서에 '처' 자의 사용을 금했다.

명령에 그친 게 아니고 샅샅이 뒤져 조치를 취하는 치밀함을 보였다. 문서에 '처' 자를 실수로 쓴 한 관리는 국문을 받았으며, 27세의 유생 권벌은 시험지에 '처' 자 단 한 자를 썼다는 이유로 과거 합격이 취소되었다. 가을을 알리는 절기인 처서를 조서로 바꿔 부르게 했으며, 연회 때마다 즐겨 추던 처용무를 풍두무로 부르게 했다. 김처선의 일가족을 몰살시켰음은 물론이요, 그의 고향인 충남 연기군 전의면의 지명을 없애버렸다.

그러나 연산군은 김처선을 지워내면 지워낼수록 자신의 오명이 짙어지는 걸 알지 못하는 어리석은 자였다.

김처선의 저주였을까, 예견된 일이었을까. 김처선이 죽은 이듬해인 1506년 9월 중종반정이 일어났다. 공포정치의 완성은 자신을 제외한 모든 이를 제거하는 것이다. 그렇지 않으면 본인이 반드시 무너지게 되어 있다. 그러나 그건 세상을 창조하는 것보다 어렵다. 어떤 광인도 할 수 없기에 공포정치의 종착역은 늘 자신의 파멸로 끝이 나는 것이다.

중종반정 당일 김자원은 처형당했고, 연산군은 강화도에서 유배 도중 사망했다. 훗날 김처선은 신원이 복구되는 걸 넘어 충신으로 역사에 남았다.

탐욕에 눈이 멀어 악을 벗 삼아 살아도 천수를 누릴 수 있고, 법의 심판을 피할 수도 있다. 그러나 역사라는 판관은 인간보다 집요하고 냉혹하다는 사실을 잊어선 안 된다.

단원 김홍도는
정조의 세작이었다고 한다

씨름, 서당, 빨래터 등을 그린 풍속화의 대가 김홍도는 조선 민중의 삶을 담아낸 예술가이자 정조의 어명을 받아 청나라와 일본을 다녀온 세작이기도 했다. 다방면에 관심도 많았고 분야마다 학식도 깊었던 영민한 군주 정조와 단원 김홍도가 함께 이뤄낸 역사적 성과를 살펴보자.

2011년 서울특별시 유형문화유산으로 지정된 『홍제전서』는 정조의 글을 엮은 문집이다. 이 책에 정조의 김홍도 사랑을 엿볼 수 있는 기록이 있다.

"김홍도는 그림 솜씨가 뛰어나 그 이름을 안 지는 오래다. 30년쯤 내 초상화를 그린 이후 무릇 그림에 관한 모든 건 김홍도를 시켜 주관하게 했다."

단원 김홍도는 풍속화뿐만 아니라 세밀화나 산수화에도 능했다. 우리에게 친숙한 풍속화는 그의 취향보다 정조의 어명이 반영된 결과라는 걸 아는 이는 많지 않다.

단원의 그림 〈송하맹호도〉의 호랑이는 마치 족자에서 튀어나올 듯하며, 호랑이의 털은 너무나도 정교해 그의 뛰어난 회화적 기술도 확인할 수 있다.

김홍도의 그림을 좋아한 정조

—❈—

조선은 30여 명 정도의 화원으로 꾸려진 도화서를 운영했다. 그들은 왕의 어진을 필두로 왕실의 각종 행사를 묘사하는 기록화를 비롯해 왕가의 의복이나 가마 등의 문양, 그리고 궁궐 벽의 벽화까지, 궁 안의 그림이 필요한 모든 곳을 붓으로 채웠다.

김홍도는 20대 초반에 도화서의 화원으로 등용되었고, 영조의 어진을 그리는 어용화사로 뽑히며 승승장구하다 정조와의 오랜 인연을 시작한다.

정조는 1776년 즉위 후, 자신의 아버지를 죽인 신하들과 길고도 지난한 패권 다툼을 은밀하게 시작했다. 그 중심에 규장각이 있었다.

"김홍도는 내일부터 도화서가 아닌 자비대령화원으로 짐의 곁에 더 가까이 머물도록 하라."

정조는 도화서 화원이 아닌 규장각 소속의 소수 화원을 따로 뒀는데, 그들에게 시험 문제도 직접 내며 특별관리했다. 출제 빈도가 높았던 과제이자 어명은 바로 백성의 실제 모습을 담은 풍속화였다.

"과장하지도 미화하지도 말고 백성의 진짜 사는 모습을 화폭에 담아 오도록 하라. 벼는 어찌 수확하는지, 시장의 모습은 어떠한지, 꽃놀이는 가는 풍경은 어떤지, 장터에서 씨름하는 모습과 광대놀이도 궁금하다. 백성의 생활을 소상히 알고 그들을 위한 정치를 하리라! 뭐 하느냐, 어서 서둘러 나가지 않고!"

단원은 정조의 어명 외에도 사가에서 주문받은 그림도 그려야 했기에 조금 피곤했을 수도 있으나, 오늘날까지 300점 가까운 그림이 전해지는 건 우리에겐 다행스러운 일이다.

"그림이라는 게 좀 쉬어가면서 영감을 받아 그려야 하는 것인데, 주상께서 저리 닦달하시니 바쁘다 바빠."

『영조실록』에는 당시 그림에 대한 생각을 엿볼 수 있는 기록이 있다.

"터럭 하나라도 다르게 그린다면, 화원의 책임이 아니라 나의 불효 탓이다."

사진이 없는 시대에서 그림은 사실성에 중점을 둬야 했다. 특히 존엄한 어진이나 근엄한 왕실 관련 그림은 얼마나 더 실물과 비슷하게 그리느냐가 무엇보다 중요했다. 그러나 백성을 그리는 일은 달랐다.

"주상 전하께서 백성의 실제 모습을 보고 싶어 하시니 이리 그리는 게 맞을 듯하군."

백성뿐만 아니라 정조 또한 단원의 그림을 좋아했고, 그림으로 많은 정보를 얻었을 것이다.

"옳거니! 씨름을 구경하는 자들은 저리 둥글게 둘러앉아 보는구나. 그 사이에 먹을 것도 팔고. 그런데 팔을 뒤로 기대고 구경하는 자의 손은 왜 저러냐? 잘못 그린 게 아니더냐?"

일본과 청나라를 오간 김홍도
—— ✼ ——

정조는 김홍도에게 풍속화를 그리는 일 외에 일본의 지도를 제작하는 일도 맡겼는데, 한국 역대 서화가에 관한 기록인 『근역서화징』에서 그 기록을 확인할 수 있다.

"김응환은 무신년(1788)에 금강산을 그려왔고, 이듬해 일본에 몰래 가서 지도를 그리려 했으나, 부산에 이르러 병에 걸려 일어나지 못했다. 이에 김홍도가 홀로 대마도로 가서 지도를 그려 바쳤다."

일본의 에도 시대인 1786년, 도쿠가와 이에나리가 제11대 쇼군으로 즉위했다. 그러나 일본은 경비를 핑계로 조선통신사의 방문을 거절했다.

"왜는 언제든지 우리를 다시 침략할 수 있다. 경계를 게을리하지 않음은 물론이고 동태를 소상히 살펴야 할 것이다."

조선의 화원들은 강산의 아름다운 풍광과 백성의 삶만 그린게 아니라 왕의 눈이 되어 외국의 동태를 보고하는 세작의 역할도 했다. 김홍도는 일본뿐만 아니라 청나라 출장길에도 올라야했다.

"이번에는 청나라다. 짐을 풀 새가 없구나. 그래도 좋아하는 일을 실컷 하고 돈도 벌고, 사대부도 평생 못 가는 청과 왜를 가보니 나는 복된 자로다."

김홍도는 이번에는 청나라에 몰래 잠입하는 게 아니라 당당히 사신단에 포함되었다. 『일성록』에 기록되어 있는데, 『일성록』은 영조 36년부터 약 150년간 조선 왕들의 언동을 날마다 기록한 책으로 1973년 국보로 지정되었고 유네스코 세계기록유산으로도 지정되었다.

단원 김홍도 자화상

"김홍도와 이명기를 동지사행에 데려가야 하는데, 마땅한 직책이
없습니다. 이에 김홍도를 군관 자격으로 이명기를 추가 정원으로 데
려가고자 합니다."하니, 윤허하셨다.

－『일성록』정조 13년

조선은 1년에 네 차례 정기적으로 중국에 사신을 파견했다.
동지사행은 그중 하나로 동짓날 출발해 두 달 정도 중국에 머물
다 돌아오는 일정이었다. 사신단은 대부분 관리나 역관 등으로
이뤄졌는데, 화원을 파견한 데는 그만한 이유가 있었다.

"내 듣자 하니, 청나라는 서양에서 들여온 진귀한 물건뿐만 아니라 우리가 그간 보지 못한 그림도 있다고 한다. 너희가 가서 자세히 보고 익히고 그려 오도록 하라."

청나라의 서양문물은 주로 천주교를 통해 수입되었는데, 물건만 들어온 게 아니라 유럽의 교회나 성당에서 볼 수 있는 그림도 함께 스며들었다. 청나라에 도착한 김홍도는 서양 미술 기법인 원근법과 명암법을 배워 자신의 그림에도 적용했다.

"도화서에서 서양의 사면척량화법(원근법)을 본뜬 걸 책거리 그림이라고 했다. 김홍도가 특히 이 기법에 능했다."

－『일몽고』

『일몽고』는 영정조 때의 180여 명에 이르는 저명인사에 관한 글을 묶은 책이다.

"옳거니, 이렇게 그림을 그릴 수도 있는 것이구나! 화원을 사신단으로 보낸 보람이 있구나. 참으로 고생했다. 이제 불화를 그릴 준비를 하도록 하라."

"네? 불화라면 탱화를 말씀하시는 것이옵니까? 어느 절에?"

정조가 아버지 사도세자의 능을 화성으로 옮기고, 그 넋을 기리고자 세워진 절이 경기도 화성에 위치한 용주사다. 용주사의 일주문은 다른 절과 달리 삼문의 형태이고, 건물의 기둥도 궁궐에서나 사용하던 장대한 기둥으로 세워졌다.

대웅전에는 가로 3미터, 세로 4미터가 넘는 통 비단에 기존의 불화와 완전히 다른 그림이 그려져 있다. 용주사의 후불탱화는 원근법과 명암법이 사용된 건 물론이고, 손이나 얼굴 모습이 기존의 불화에선 찾아볼 수 없는 화법이었다.

"아바마마, 뒤주 안에서 얼마나 갑갑하셨습니까! 이제 그 누구도 두 분을 건드리지 못하게 제가 지키겠나이다."

단원의 인생, 정조의 죽음

정조는 자신의 눈과 발이 되어준 김홍도에게 벼슬을 내렸다. 충북 괴산의 작은 산골 마을 현감 자리였지만, 중인이 오를 수 있는 최고의 직책인 정6품에 해당되는 것이었다.

김홍도는 발령 당시부터 대신들의 반발에 시달렸고, 임기를 마칠 쯤에는 큰 잘못이 아닌데도 불구하고 엄벌에 처해야 한다는 대신들의 상소가 올라왔다.

그러나 정조는 김홍도를 벌하지 않고 한양으로 다시 불러들여 자신의 마지막 꿈을 완성시키기 위한 임무를 맡긴다.

"그동안 잘 지냈는가? 그림 솜씨가 녹슬진 않았겠지? 이번에는 백성의 사는 모습이 아니라 화성행차의 모습을 자네가 총괄

해 그려주게나."

"마마! 성은이 망극하옵니다."

정조는 즉위 20주년과 아버지 사도세자와 동갑인 혜경궁의 회갑을 기념하고자 대규모 퍼포먼스를 준비했다. 화성행차는 단순히 왕권을 과시하기 위한 일회성 행사가 아니었다. 정조는 화성이 자신의 이상향이 되길 꿈꿨다.

정조의 어명에 의해 의궤청이 세워지고, 조선을 넘어 우리나라 기록화의 일대 획을 긋는 그림들이 김홍도의 지휘하에 그려졌다.

〈화성원행반차도〉에는 정조의 행차를 구경하는 백성의 모습은 물론이고 당대의 복식과 시대상을 확인할 수 있는 모습이 잘 담겨 있다. 화성 일대 풍경을 담은 〈화성성역의궤〉도 귀중한 자료로 남아있다.

정조가 꿈꾸던 화성이 완전체의 모습을 드러내고 4년이 지난 1800년 6월, 본격적인 개혁의 드라이브를 걸려던 정조는 많은 의문과 풀리지 않는 의혹을 남긴 채 49세의 나이로 승하한다. 단원의 인생 또한 정조의 죽음과 궤를 같이했다. 정조 사후 그는 세상을 담은 기록화도 백성의 표정을 잡아낸 풍속화도 아닌 세상 너머의 그림을 그리며 쓸쓸한 말년을 보냈다.

일본의 샤라쿠와 조선의 김홍도

— ❖ —

1998년 일본에서 『또 하나의 샤라쿠』라는 책이 출간되었다. 도슈사이 샤라쿠는 일본인들이 가장 사랑하는 에도 시대 화가이자, 말 만들기 좋아하는 이들에 의해 램브란트 반 레인, 디에고 벨라스케스와 함께 세계 3대 인물화가라도 불리기도 한다.

샤라쿠는 1794년 단 10개월 동안만 활동하며 100여 점의 그림을 남기고 일본의 역사에서 완전히 사라졌다. 또한 당대에는 전혀 인정을 받지 못했다.

그러던 1867년 파리 만국 박람회를 통해 그의 그림은 빈센트 반 고흐를 비롯한 인상주의 화가들에게 영향을 주고 작품성까지 인정받았다. 참으로 기묘한 인물이다.

일본에서 그저 서민의 그림으로 저평가되던 그의 작품을 비롯한 풍속화인 우키요에가 일본 도자기의 포장지로 만국 박람회에 도착했고, 도자기가 아닌 구겨진 포장지를 본 고흐의 친구 펠릭스 브라크몽에 의해 그의 그림이 유럽에 알려졌다.

조선 풍속화의 대가 김홍도 이야기를 하다 에도 시대 풍속화의 대가 샤라쿠 이야기를 하는 이유는 『또 하나의 샤라쿠』의 저자가 일본의 샤라쿠와 조선의 김홍도를 동일 인물로 봤기 때문이다. 『또 하나의 샤라쿠』에서 펼치는 저자의 흥미로운 주장을 살펴보자.

18세기 일본의 백성 사이에선 가부키 공연의 인기가 높았다. 가부키는 일본의 3대 전통극으로, 화려한 옷과 독특한 분장을 한 배우들이 춤추고 노래하는 서민들의 뮤지컬이었다. 2005년도에 유네스코 세계무형문화유산으로 등재되었는데, 당시 배우들의 인기는 오늘날의 무비 스타처럼 대단했다.

역사적 기록이 전무하다시피 한 샤라쿠는 가부키 배우들의 초상화를 전문으로 그리는 화가였다. 특히 샤라쿠가 그린 가부키 배우 오타니 오이지의 그림은 한국인에게도 낯설지 않다. 그러나 샤라쿠의 그림은 평단은 물론이고 대중에게도 인기를 얻지 못했다.

"아니! 이게 나란 말이오? 다른 이들은 있는 단점도 가려서 아름답게 그리는데, 당신은 무슨 생각으로 나를 이렇게 비열하게 그린 것이오?"

"역정 내지 말고 내 말을 들어보시오. 당신의 초상화가 아닌 가부키에서 맡은 역할을 그린 것이오. 거기서 당신은 친구를 배신하는 비열한 역할을 맡았으니, 내가 이리 그린 것이오."

"아무리 그래도 그렇지. 이건 좀? 그리고 손은 왜 이 모양인 것이오? 사람의 손이라고 할 수 없지 않소?"

샤라쿠는 당대의 일본 화가들이 가부키 배우들을 그저 아름답게 그리는 것에서 탈피해 배역의 캐릭터를 생동감 있게 그렸다. 모든 천재가 그러하듯 그는 100년 가까운 세월이 흘러 예술의 본고장 파리에서 재평가를 받게 된 것이다.

『또 하나의 샤라쿠』의 저자는 샤라쿠가 활동한 유일한 시기인 1794년에 주목한다. 샤라쿠가 일본 역사에서 1년 만에 사라진 이유는 그가 조선의 단원 김홍도이기 때문이라는 것이었다.

오늘날까지 전해지는 김홍도의 그림은 300점이 넘으며 말년에도 그림을 그린 김홍도가 1794년에만 조선에서 그림을 그리지 않았다는 것이었다.

그때 김홍도는 정조의 밀명을 받고 일본에 다녀갔다고 말한다. 1794년은 김홍도가 괴산의 산골 마을인 연풍현감으로 재직하던 시기와 겹친다.

"대신들의 반대를 무릅쓰고 자네를 한적한 연풍현감으로 보내는 데는 다른 이유가 있어서다. 워낙 산골 마을이니 적당한 시기를 틈타 왜에 가서 동태를 소상히 살피고 오너라. 모두의 눈을 피해야 하니, 경비는 현지에서 그림을 그려 조달하도록 하라."

정조가 김홍도를 대마도가 아닌 다른 지역에 파견했다는 기록은 우리 역사에 기록되어 있지 않으나, 역사에 기록된 정조와 김홍도의 관계로 봐서 상상해볼 만한 추론이다.

저자는 두 번째로 김홍도와 샤라쿠의 그림에서 공통적으로 발견되는 오류를 지적했다. 왕의 어진은 화원 한 명이 아닌 여러 명의 공동 작업으로 완성된다. 김홍도는 어진을 세 차례나 그렸지만 주로 몸통이나 곤룡포를 맡았고, 손발을 그리는 작업은 하지 않았다. 김홍도가 사람의 손발을 그리는 데 어려움을 겪었기 때문이다.

김홍도의 작품 〈씨름〉을 보면, 팔을 뒤로 뻗고 구경하는 사람의 손이 좌우가 바뀌어 있다. 또한 그가 남긴 유일한 불화의 인물은 발가락이 여섯 개다. 샤라쿠의 작품 중에도 발가락이 여섯 개이거나 손가락 모양이 기괴한 것이 있다.

사랴쿠의 그림에는 '도슈사의 사랴쿠'라는 본인의 이름이 찍힌 낙관이 있는데, 한자어 '동주재'는 동쪽의 집이다. 조선의 기준으로 동쪽은 일본을 지칭하며, 한자어 '사'는 홍도의 다른 이름인 사능이고 '락'은 현풍현감으로 근무하던 곳의 풍락헌에서 따왔다는 것이다.

『돈키호테』의 저자 미겔 데 세르반테스와 4대 비극의 저자 윌리엄 셰익스피어가 동일 인물이라는 주장에서 알 수 있듯, 역사 속 위대한 예술가나 뛰어난 천재에겐 여지없이 흥미로운 이야기가 따른다.

이런 추론을 비난하거나 옹호하려면 역사에 대한 지식이 필요하므로 다양성이라는 측면에선 긍정적이지 않나 싶다. 이미 일어났고 결과를 바꿀 수도 없는 과거 이야기에서 빠져나오지 못하는 이유다.

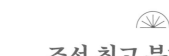

조선 최고 부자가 가진
의외의 직업

조선 시대 한양은 청계천을 중심으로 신분과 직업별로 나뉘어 살았다. 청계천의 북쪽에는 고위관료들이 주로 살았는데 북촌이라고 불렸고, 남촌에는 선비들이 모여 살았다. 청계천 주변인 중촌에는 의원을 비롯한 기술 가진 사람들이 모여 살았는데, 그들 중 최고의 부를 이룬 직업군은 단연 '역관'이었다.

역관 중에는 신분의 한계를 넘어 당대 최고의 부자로 이름을 떨친 이도 있었다. 연암 박지원의 소설『허생전』에서 일면식도 없던 허생원에게 선뜻 거금을 빌려주는 변 부자는 당시 한양 최고의 부자였던 변응성과 그의 아들 변승업을 모델로 만든 캐릭터다.

조선 후기의 문신 정재륜이 효종, 현종, 숙종, 경종 4대에 걸쳐 궁중을 드나들며 보고 들은 이야기를 엮은 『공사견문록』이란 책에는 당대 최고의 부자에 이르렀다는 역관 김근배, 고가부 등의 실명이 등장한다. 이 외에도 역관의 부가 얼마나 대단했는지 보여주는 재밌는 일화가 있어 소개한다.

역관은 어떻게 막대한 부를 이뤘나

—— ❀ ——

숙종 때 한 부자 역관의 아내가 죽었다.

"아이고, 부인! 평생 내 뒷바라지하느라 고생만 하다 이리 가는구려. 내 저승이라도 호화스럽게 보내주겠소."

부자 역관은 부인의 관에 옻칠을 명령했다.

"아니, 나리! 그건 사대부도 하지 못하는 일이고, 오직 궁에서만 허락된 것인데 어찌."

그랬다. 관에 옻칠하는 건 비용도 많이 들었지만, 철저한 신분제 사회였던 조선에서 오직 왕가에만 허락된 일이었던 것이다. 장례가 끝나고 이 소식은 삽시간에 퍼졌고, 사대부들이 들고일어나 상소를 올리기 시작했다.

"주상 전하! 나라의 법도를 어긴 저자를 국법으로 엄히 다스려야 하옵니다."

죽은 자의 장례를 치르다 산 사람의 장례를 치를 판이었다. 이때 역관 부자는 긴급 조치를 내렸고, 사대부들은 과연 그의 말대로 스스로 입을 틀어막았다고 한다.

"나리! 큰일이옵니다. 지금 사대부들의 상소가 빗발치고 있다고 하옵니다."

"그래? 고매한 양반들께서 내 돈이 필요하셨나 보구나. 옜다! 여기 10만 냥이다. 그자들의 집에 찾아가 직접 전하거라. 당장 내일부터 상소는 물론이고 입도 뻥긋하지 않을 것이다."

도대체 역관은 어떻게 해서 막대한 부를 이룰 수 있었을까? 와중에 부는 물론이고 조선의 외교 문제를 해결하고, 위기에 빠진 나라를 구한 역관 홍순언이라는 자가 있다. 한 편의 로드무비 같은 그의 인생을 통해 역관의 세계에 대해 알아보자.

역관이 되기까지 해야 할 일

홍순언은 역관이 되고자 열 살이 채 되기 전부터, 외국어 공부를 시작해야 했다.

"아버님! 이게 도대체 무슨 말이옵니까? 중국말은 너무나 어렵사옵니다."

"어허, 정신 똑바로 차리지 못하겠느냐? 지금 서둘러 배워두지 않으면 사역원에 입교하기 더 어려워진다."

역관이 되려면 역과를 통과해야 하는데, 역관을 전문적으로 양성하는 기관인 사역원에 입학하는 게 최우선 과제였다. 역관은 되기가 무진장 어려웠지만, 일단 되기만 하면 막대한 부가 따랐기 때문에 경쟁이 치열했다.

사역원에 입교하는 가장 좋은 방법은 기존의 다른 역관의 추천을 받는 것이었다. 열다섯 명의 입교 심사위원 중 열세 명의 찬성표를 받아야 하는데, 친가는 물론이고 처가의 관직 상황까지 면밀히 살폈다. 이 추천도 3회에 한해 받을 수 있었다.

어렵게 사역원에 입교했지만 끝이 아니었다. 역과에 합격하기 위해선『대학』『논어』『맹자』『중용』『소학』이 기다리고 있었다. 그러나 홍순언을 비롯한 역관 후보생들을 가장 괴롭힌 건 역시 외국어 공부였다.

"아! 지친다, 지쳐. 내 청춘이 이렇게 지나가는구나."

외국어 과목은 중국어, 몽골어, 만주어, 일본어, 위구르어 등이 있었다. 외국어 회화 실력을 향상하기 위해 우리말 사용을 금지하기도 했다. 우리의 외국어 주입식 조기 교육이 참으로 유구한 역사를 지니고 있다는 걸 확인할 수 있는 대목이다.

중국어 교재는『노걸대』, 일본어 교재는 일본에 10년간 머물다 온 역관이 편찬한『첩해신어』가 있었는데 사역원의 외국어 교재는 모두 실용 회화 위주였다. 이처럼 숨 막히는 학사 일정을 견디고 역과에 합격하고 나서야 비로소 역관이 될 수 있었다.

조선 시대 외교 지침서라 할 수 있는 『통문관지』에는 역관의 활약상이 따로 나올 정도다.

장희빈의 오촌 당숙인 역관 장현은 역과에 수석 합격해 소현세자와 함께 심양에서 6년간 머물렀다. 또한 무려 40년 동안 30차례나 청나라를 오간 대표적인 외교통이다.

그런가 하면 『허생전』에 등장하는 변 부자의 실제 모델인 변승업의 집안은 280여 년간 106명이 역과에 합격했다.

"이 할아비 말을 잘 듣거라. 역관만 되면 양반처럼, 아니 변변찮은 사대부보다 훨씬 명예롭고 또 돈도 많이 벌 수 있다."

그러나 외국에 사신으로 가기 전에 외국어 시험을 또 통과해야 했으니, 역관들은 평생 외국어 공부로 고통받았다. 이 대목에서 알 수 있듯 역관의 첫 번째 주요 업무는 외교 업무였다.

외교관의 역할, 무역상의 역할
— ❈ —

역과에 합격한 우리의 주인공 홍순언은 처음으로 떠나는 사행길에 몹시 들떠 있다.

"아버님! 잠이 오질 않습니다. 드디어 내일, 길을 떠납니다."

조선의 외교는 중국에 대한 사대, 일본과는 교린을 기본으로

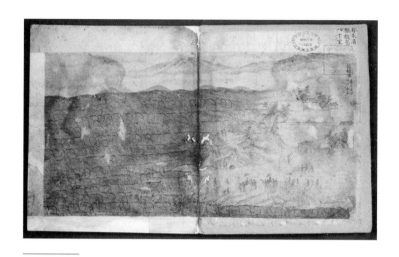

〈연행도폭〉
©한국민족문화대백과사전

했다. 〈연행도폭〉은 인조의 왕권을 허락받고자 중국으로 떠나는 사신단 행렬을 그린 그림이고, 〈조선통신사행렬도〉는 조선이 왜와 교린을 위해 떠나는 사신단을 그린 그림이다.

　중국 사신단의 규모는 정사, 부사, 역관이 30~40명이었고, 마부와 짐꾼까지 합치면 200명 이상이었다고 한다. 그러나 열 명 내외의 역관이 사신단을 이끄는 실질적 업무를 처리했다. 고매하신 관리 나리들은 외국어도 할 줄 몰랐고, 정파의 이익에 따라 사신단에 계속 들지도 못했기 때문이다.

　한양에서 출발해 의주와 심양, 북경에 이르는 2천 리가 넘는 길은 5개월이 넘는 대장정이었다. 조정에선 사신단에게 쌀과 포, 종이 등을 경비로 지급했다. 개인에게 지급되는 돈은 일절 없었다. 대신 조정에선 역관에게 사무역권을 줬다.

역관들은 바로 그 사무역권으로 막대한 부를 축적할 수 있었고, 그 부를 이루게 해준 메인 아이템은 일본과 중국에서 만병통치약 수준으로 추앙받던 인삼이었다.

"어이! 홍순언. 인삼은 잘 챙겼나? 초행길이니 너무 욕심 부리지 마시게."

"욕심은 고사하고, 노걸대에서 배운 내용대로 흥정이나 제대로 할 수 있을지 걱정이옵니다."

앞서 설명한 대로 사역원의 중국어 교재인 『노걸대』는 물건을 사고파는 과정을 비롯해 음식을 주문하거나 여관 잡는 방법 등의 실용 회화가 주를 이루고 있다.

"그나저나, 명나라는 물론이고 왜인들도 환장한다는 인삼은 왜 한 사람당 딱 여덟 포밖에 가져갈 수 없는 것입니까?"

"어허! 이 사람 입조심 하게. 조정에서 엄격히 금하고 있는 일이네. 그나저나 엄살을 부리더니 아주 한몫 단단히 잡을 작정이구만."

조선 조정에선 인삼의 외국 반출 수량을 엄격히 제한했다. 인삼 열 근을 묶어 한 포로 만들었고, 한 사람당 여덟 포의 인삼만 허용했다. 그래서 역관들의 인삼 무역을 '8포 무역'이라고도

부르는 것이다. 인삼 80근이면 은 2천 냥, 쌀은 2천 석에 달하는
금액이었다. 역관들은 외교관으로의 역할은 물론이고, 무역상의
역할도 했던 것이다.

중계무역이야말로 역관 부의 원천

역관들은 중국에 사신단으로 방문해 인삼 판 돈으로 비단, 문방
사우, 가죽 등을 수입해 와 조선의 상인들에게 막대한 차익을 남
기고 넘겼다. 그러나 역관들이 더 큰 부를 남긴 건 다름 아닌 중
계무역이었다.

『허생전』에 나온 변 부자는 홍순언보다 후대의 역관으로 청
나라가 들어서며 왜와의 교역으로 엄청난 부를 이뤘는데, 청과
왜의 정치적 변화가 있었기에 가능한 일이었다. 변 부자는 홍순
언과 달리 제2외국어로 일본어를 선택했다. 변 부자의 아버지
또한 역관이었기에 국제 정세의 흐름을 빨리 알아차린 것이다.

"아들아! 앞으로 왜의 말을 배워야 할 것이다. 내 이번에 청
나라를 다녀오고 심상치 않은 움직임을 알아챘다."

17세기 후반, 청나라는 일본과의 교역을 전면 금지했다. 그
러자 일본은 조선을 통해서만 청과의 교역이 가능해졌다. 조선
의 역관들은 청나라에서 들여온 은이나 물건을 곱절 이상의 차

익을 남기고 왜관을 통해 일본으로 넘겼던 것이다. 중국의 비단도 인기였지만 역시 최고의 인기 품목은 인삼이었다.

"변 역관, 궁금해서 여쭙는데 인삼은 청나라에서 들어오는 것도 아닌데 어찌하여 가격이 이리 폭등했습니까?"

"어허, 우리 조선 조정에서 인삼의 판매 수량을 엄격히 제한하는 걸 모르시오? 인삼은 늘 귀하고 비싼 것이며 그쪽 말고도 찾는 왜인들은 많으니, 불만이 있으시면 언제든지 말만 하시오."

"아니, 무슨 말씀을 그리 섭섭하게 하시오. 내 그냥 순수한 호기심 차원에서 여쭤본 것이오. 여기 한 잔 받으시고 다음에도 잘 부탁하오."

일본 내에서 인삼의 인기는 상상을 초월했다. 당시 국제 사회에서 통용되는 화폐는 달러도 금도 아닌 은이었다. 일본은 오직 인삼 거래를 위해 '인삼대왕고은'이라는 인삼 전용 은 화폐까지 발행했다.

일본에서 인삼이 만병통치약의 명성을 넘어 신앙처럼 받들어지자 초량 왜관에는 돈이 넘쳐났다. 8포 무역의 규모를 훨씬 뛰어넘는 것이었다. 어떻게 된 걸까? 숙종 때 초량 왜관 출입구에 세워진 '약조 제찰비'의 경고문으로 그 비밀을 알 수 있다.

장이 서는 날, 방에 몰래 들어가 물건을 사고파는 자는 사형에 처한다.

밀 무역이 성행하기 시작한 것이었다. 그러나 지엄한 임금의 왕명도 돈 앞에선 효과를 발휘하지 못했다. 일본 내에서 조선 인삼의 인기가 식지 않는 이상 밀 무역은 더욱더 성행했다.

"형님! 참으로 답답하옵니다. 우리가 어렵게 왜의 말을 배워 인삼을 잘 팔아 조정의 살림에 크나큰 보탬이 되는데, 어찌하여 막는단 말입니까? 우리만 잘 살자고 하는 일이 아니잖습니까?"

"먼저 입조심부터 하고, 돈 자랑은 더더욱 하지 마시게. 그리고 이 돈부터 아전들에게 은밀히 전하게."

역관들은 일본과의 밀 무역을 위해 왜 관문을 지키는 병사는 물론이고 아전들과 관리까지 매수해 인삼 카르텔을 형성했다. 대마도에 큰 거래를 성사시키고 돌아오는 길에는 일부러 허름한 옷을 입는 치밀함을 보이기도 했다.

"에휴! 옷이 이게 참. 배 멀미 해가며 뼈 빠지게 들락거려 봐야 남는 것도 없고, 옷 하나 살 돈도 없으니."

인삼의 밀 무역은 일본에서 더욱 큰 문제였다. 조선의 인삼을 사고자 반출되는 은의 양이 막대했기 때문이다.

"쇼군! 인삼을 사려다 우리가 보유한 은이 다 바닥날 지경입니다. 특단의 조치가 필요합니다."

"방법은 하나다. 조선의 생근을 가져와서 우리도 인삼을 자체 생산해야 한다."

"조선 조정에서 생근을 워낙 철저히 관리하고 있어서…"

"내 묘책이 있다. 이리 가까이 오너라."

일본의 쇼군이 조선의 생근을 훔쳐 오기 위해 내린 비책은 무엇이었을까? 일본은 인삼 밀 무역을 하며 막대한 부를 이룬 조선의 역관을 일본 현지에서 체포했다. 그리고 실행한 첫 번째 묘책은 협박이었다.

"네 이놈, 조선 조정에서 인삼 밀 무역은 엄벌로 처하고 있거늘. 네 놈을 조선 조정에 넘겨 극형을 받도록 하겠다."

"아니! 갑자기 왜 이러십니까? 인삼이 필요하다고 하셔서 내 목숨을 걸고 이리 가져왔는데, 진짜 원하는 걸 말해 보십시오."

"네 놈이 목숨도 구하고 인삼 판 돈보다 더 큰돈을 벌 기회가 있는데, 따르겠느냐?"

"목숨도 구하고 돈도 된다면야…. 일단 들어나 봅시다."

일본이 조선에서 인삼을 수입해 간 실태를 기록한 문서인 「인삼시종 각서」에는 조선의 생근이 유출되는 경로까지 자세히 기록되어 있다.

"생근을 채취한 곳의 흙으로 덮고, 건조를 막고자 대마도의 이끼로 이를 덮었다."

조선의 생근은 이렇게 유출되었으나, 일본이 인삼 재배와 대량 생산에 성공하기까진 오랜 세월이 걸렸다.

200년 외교 난제
종계변무를 해결한 역관

역관 홍순언에 관한 기록은 『선조실록』 『성호사설』 『서포만필』 『대동기문』 『연려실기술』 등 수많은 문헌에서 확인할 수 있다. 그는 우리 역사에 한 획을 제대로 그은 인물이다. 조선 시대 외국과의 외교 관계를 기록한 『통문관지』에 홍순언의 성격을 유추할 수 있는 기록이 있다.

"홍순언은 젊어서부터 호방하고 의기가 있었다. 일찍이 명나라 연경에 갔다 통주에 이르러, 밤에 기생집에 놀러 가서…"

"조선 땅을 떠난 지 벌써 몇 달이구나. 오늘은 술 한잔 거하게 해야겠구나. 그동안 통주 물은 어떻게 변했나?"

이 지나치게 호방한 중인 신분의 역관이 200년 넘게 해결하지 못한 조선의 외교 난제인 종계변무를 어떻게 해결하고, 임진왜란에도 꿈쩍하지 않던 명나라 대군을 어떻게 움직였을까?

홍순언과 명나라 최고의 미인

— ❈ —

조선에서 사신단이 온다고 하면 청나라의 상인들은 물론이고 술집에서도 손님 맞을 준비를 한다. 특히 인삼 판 목돈을 허리에 차고 있는 역관은 큰 손님이었다. 역관들은 대신들과 달리 초행길이 아니었기 때문에 단골 술집도 있었다.

"아이고, 홍 역관 나리! 이게 얼마만이요. 잘 지내셨소? 어서 저 방으로 드시오. 역시 우리 홍 나리는 운이 좋으시다니까!"

"또 얼마나 바가지를 씌우려고, 초장부터 호들갑인가! 내 오늘은 그저 조용히 혼자 술만 마시고 갈 것이니, 그리 알게."

"지금껏 나리가 보지 못한 명나라 최고의 미인을 오늘 만나게 될 것입니다."

사실 술집에 들어선 순간부터 홍순언의 눈길을 사로잡은 여인이 있었으나, 홍순언은 관심 없는 척하며 술상을 먼저 받았다.
잠시 후, 홍순언이 눈여겨봤던 그 여인이 홍순언의 자리로 왔다.

'과연, 절세미인이로구나! 한데 얼굴에 수심이 가득하구나.'

홍순언은 여인이 무척 마음에 들었으나, 어딘가 안쓰러운 느
낌을 받았다.

"여기 한 잔 받으시고, 자네가 가슴에 품고 있는 사연을 마음
편히 말해보시게."

"나리, 어찌 아셨습니까? 저는 본디 절강 사람인데, 벼슬 받
은 부모를 따라 북경으로 가게 되었습니다. 그러나 그만 두 분
다 억울한 일에 휘말려 며칠 전 돌아가셨습니다."

"저런! 다른 일가친척은 없소? 그리고 귀한 집 여식인데, 어
찌하여 이곳에 있는 것이오?"

"저는 친척 하나 없는 외동딸입니다. 돈을 벌어 부모님의 시
신을 고향으로 모셔가 장례를 치르고자 오늘부터 이곳에서 일
을 하기로 작정했습니다."

"……."

홍순언은 이 대목에서 그 누구도 예상하지 못한 호방한 결정
을 내리고 자리에서 일어선다.

"낭자! 여기 내가 가진 돈 전부요. 이 돈이면 부모님을 모시
고 고향으로 가고도 남을 터이니, 지금 당장 여기를 떠나시오."

홍순언은 갖고 있던 돈 300금을 탁자에 내려놓았다. 300금

이면 오늘날의 화폐 가치로 억대의 돈이었다. 이것은 호방함인가, 무모함인가.

"나리! 염치없지만, 이 은혜는 제가 반드시 갚겠습니다. 다만 나리의 이름이라도 알려주시옵소서."

"사대부도 아닌 중인 역관의 이름은 알아 뭐 하겠소. 난 그냥 홍가요, 홍가. 부디 그 돈으로 행복하게 사시오. 난 이만 가오."

홍순언 자신조차 훗날 전혀 예상치 못한 곳에서 그녀와 다시 재회하게 될 줄은 알지 못했다.

홍순언의 목을 겨냥한 종계변무

태조 3년이 되는 1394년, 조선의 관리가 명나라의 법전인 『대명회전』 「정덕본」에서 심각한 오류를 발견한다. 당시 그의 심정이 『태조실록』에 기록되어 있다.

"그 말을 듣고 조심스럽고 두려운 마음을 이루 말할 수 없다. 떨리는 마음을 이길 수 없어, 죽기를 무릅쓰고 알리었다."

관리가 발견해 태조 이성계에게 고한 건 명나라에서 이성계의 아버지 이름을 잘못 기록한 부분이었다. 이성계의 아버지는 이자춘이었으나, 『대명회전』에는 이성계가 이인임의 아들이라고 기록되어 있었던 것이다. 소식을 접한 이성계는 대로했다.

"무엇이라! 내가 이인임의 아들이라니! 어서 당장 조치를 취하도록 하라!"

이자임은 이성계의 정적이었다. 그러니 조선이라는 새 왕조에게 치욕적인 일이었다. 조선 조정에선 즉시 명나라에 사신단을 파견해 기록 수정을 주청했다. 그러나 명나라의 반응은 냉담했다.

"그래요? 그런 일이 있었군요. 근데? 그게 그리 중요한 일이오? 아버지 이름이 틀릴 수도 있지."

"뭐라 하셨소! 조선 왕실의 가계도를 잘못 기록하고 어찌 이리 뻔뻔할 수 있단 말이오."

"어허! 어디서 소리를 지르고 난리요. 기록을 수정하려면 우리 명나라 황제 폐하의 명이 있어야 하나, 황제께선 처리해야 할 일이 한둘이 아니니 좀 기다려 보시오."

그렇게 종계변무가 해결되지 않은 채 200년 가까운 시간이 흘러 역관 홍순언의 목을 겨냥하게 될 줄은 누구도 예상하지 못했다. 1584년, 홍순언은 수석 역관으로 북경 사행길에 오른다. 이번 사신단의 목적은 단 하나, 종계변무를 해결하는 것이다. 당시의 엄중한 분위기를 알 수 있는 기록이 『연려실기술』에 있다.

"이것은 역관의 죄로다. 이번에 가서 또 시정 약속을 받아내지 못한다면, 반드시 수석 통역관의 목을 베리라."

10년 전인 1574년에도 명나라가 『대명회전』을 새로 편찬한다는 소식을 듣고 긴급히 사신을 파견했으나, 뜻을 이루지 못했다. 이미 편찬된 기록을 수정하는 건 더더욱 어려운 일이었다. 홍순언으로선 억울하지만 목숨이 달린 일이었다.

"아! 조정에서 희생양을 필요로 하는구나. 잘난 사대부도 하지 못한 일을 내가 어찌한단 말인가! 미치고 환장하겠구나."

조선을 떠나 몇 달 후, 홍순언은 마침내 북경의 동악묘에 당도했다. 원나라 때 세워진 도교사원이지만, 조선의 사신들이 반드시 들러 제례를 올리는 곳이었다. 홍순언은 사력을 다해 제를 올렸고, 불안한 마음에 술집도 들르지 않은 채 잠자리에 들었다.

'하늘이시여, 제발! 종계변무인지 나발인지 해결할 수 있게 도와주십시오.'

다음 날, 홍순언은 명나라 예부의 최고 직위인 예부시랑의 호출을 받고 불길한 예감에 휩싸인다. 예부시랑은 오늘날 외무차관에 해당하는 관직이며, 조선의 사신단은 일반적으로 예부의 산하 관청 주객청리사의 말단 관리인 통사판관이 맞이했다.

그런데 예부시랑이 직접 역관을 찾는다고 하니 홍순언뿐만 아니라 조선의 사신단 전체가 충격에 빠졌다. 홍순언은 영문도 모른 채 예부시랑이 머무는 방으로 안내되었고, 놀라운 이야기를 듣는다.

"홍 대인, 이쪽으로 편히 앉으시오. 이번에도 종계변무 문제를 해결하지 못하면, 수석 통역관의 목이 달아난다는 이야기를 들었소이다. 그 문제는 마침 예부의 소관이니 내가 잘 해결해주 겠소. 그러니 대인은 아무 걱정 말고 기다리세요."

"아니, 정말이십니까! 감사합니다. 나리는 제 생명의 은인이 십니다."

"홍 대인이 내 부인을 구해줬으니, 이제 우리는 서로의 은인 이구려. 대인은 10년 전 통주의 술집에서 만난 불쌍한 여인을 기억하오?"

그랬다, 홍순언이 준 돈으로 부모의 장례를 잘 치른 그 여인 이 명나라 예부시랑의 부인이 된 것이다. 명나라 예부시랑인 석 성의 부인은 홍순언의 호의를 잊지 않고 은혜를 갚은 것이다.

드디어 『대명회전』「만력본」에 "이성계는 이자춘의 아들이 다."라고 정정 기록되며 조선 건국 이래 최고의 외교 난제 종계 변무가 역관 홍순언에 의해 해결되었다.

홍순언의 파란만장했던 로드무비

─ ❈ ─

선조가 얼마나 기뻐했는지 『광국지경록』을 보면 알 수 있다.

"나라가 다시 만들어졌다."

『광국지경록』
ⓒ한국민족문화대백과사전

　선조는 종계변무를 해결한 사신단 중 열아홉 명을 칭송했는데, 홍순언은 정철, 류승룡보다 높은 순서인 두 번째의 공을 인정받았다. 그리고 중인이 오를 수 없는 지위인 종2품 우림위장에 봉해졌다.

　관직을 하사한 것만 해도 사대부의 반발이 대단했는데, 선조는 한술 더 떠 홍순언에게 당릉군이라는 군호까지 하사했다. 신하로써 받을 수 있는 최고의 영예였다. 선조의 "나라가 다시 만들어졌다."라고 한 말은 과장이 아니라 진심이었다.

홍순언은 관직뿐만 아니라 노비와 땅까지 하사받았다. 선조가 홍순언에게 준 땅은 오늘날 을지로 1가 사거리 인근으로, 당대 사람들은 보은단동 혹은 보은골이라 불렀다고 한다.

이유인즉 예부시랑의 부인이 홍순언이 조선으로 돌아갈 때 열 개의 선물함을 보냈다. 안에는 직접 짠 비단이 들어있었는데, 비단마다 '보은'이라는 두 글자가 정성스럽게 새겨 있었다. 이에 감격한 홍순언은 왕에게 하사받은 땅에 집을 짓고, 집 담벼락에 '보은'이 새겨진 비단을 걸어 놓았던 것이다.

홍순언의 활약은 여기서 그치지 않는다. 그가 역사에 재등장한 건 1592년 임진왜란의 발발과 함께다. 조선은 전쟁 초반부터 속수무책으로 밀렸다. 다급해진 선조는 의주로 몽진했고, 왜란 전부터 요동 지방에 돌던 소문을 입증해주는 꼴이 되고 말았다.

일본은 임진왜란 발발 전 세작을 동원해 조선과 왜가 함께 명나라를 침범할 거라는 소문을 퍼트렸다. 이 작전은 완벽히 성공했다. 홍순언이 왜란 전 명나라를 방문했을 때, 명나라 상인들이 조선의 사신단을 향해 손가락질할 정도였다.

"홍 대인! 소문이 사실이오? 조선과 왜가 손을 잡고 우리 명을 친다는 것이!"

조선 조정에선 소문의 실체를 모른 채 서신으로 명나라에 구원병을 요청했으나, 소문은 이미 명 조정까지 장악한 상태였다. 명나라의 답신은 완고했다.

"우리 황제 폐하께선 귀국의 의도를 의심하고 있다. 요동 지방에는 이미 귀국과 왜가 손을 잡고 우리 명나라를 칠 거라는 소문이 자자하다. 귀국의 왕이 의주로 이리 빨리 몽진한 걸 보니 더욱 의심스럽다."

명나라 조정에서 조선의 파병을 찬성하는 몇 안 되는 인물 중에 병부상서 석성이 있었다. 그렇다, 그는 예부시랑의 자리에서 조선의 종계변무를 해결해줬던 인물이다. 그는 홍순언에게 서둘러 사신을 보내라는 서찰을 보냈고, 조선 조정에선 역관 홍순언을 포함한 사신단을 긴급히 명나라로 보냈던 것이다.

명나라는 고심 끝에 조선에 원군을 보내기로 결정했고, 홍순언은 명나라 장수 이여송의 통역을 맡으며 전선에서 맹활약했다. 1598년, 임진왜란이 끝나던 해 역관 홍순언의 파란만장했던 로드무비도 대단원의 막을 내린다.

홍순언이 사망한 이듬해인 1599년 홍순언의 보은을 잊지 않고 조선을 여러 차례 도운 석성은 조선 파병으로 인한 경제적, 군사적 피해의 책임을 지고 투옥되어 옥사하고 만다. 그는 옥중에서 남은 가족에게 놀라운 유언을 남긴다.

"아들아, 어머니를 모시고 조선으로 가거라."

석씨 집안과 조선의 인연은 이렇게 다시 이어졌고, 그들은 선조가 하사한 해주 땅에 안착하며 해주 석씨의 시조가 되었다.

바다의 왕이라 불린,
미천한 신분의 세계인

신라는 그를 '궁복'이라 불렀지만, 세상은 그를 '바다의 왕'이라 불렀다. 궁복은 활을 잘 쏜다는 평범한 의미를 담은 장보고의 어린 시절 이름이다. 신라 시대 골품제 아래에서 평민들은 성도 가질 수 없었다. 장보고는 훗날 신라 밖 당나라에서 스스로 쟁취한 이름이다.

장보고는 신라에서 미천한 신분으로 태어났지만 동아시아 전역에서 추앙받은 세계인이었다. 장보고에 관한 한중일 삼국의 역사 기록을 살펴보자. 우리의 기록이 중국과 일본에 비해 오히려 더 부실하다.

"을지문덕이 지략이 있고 장보고가 의용이 있음에도, 중국의 서적이 아니었다면 사라져 전해질 수 없었을 것이다."

-『삼국사기』

『신당서』에는 장보고를 일컬어 "누가 동이에 사람이 없다고 할 것인가!"라고 기록하고 있다. 당나라의 시인 두목은 그의 저서인 『번천문집』에 장보고와 정년 편을 따로 기록했는데, 장보고는 인의지심이 충만한 채 명견을 가졌다고 묘사하며 동양에서 가장 성공한 인물이라고 칭송했다. 중국 산둥성의 적산법화원에는 장보고의 대형 동상과 장보고 전기관이 마련되어 있다.

일본에서 장보고의 위상은 더 높다. 일본 천태종의 3대 수좌인 승려 엔닌은 당나라에서 10년간 유학하는 동안 장보고의 도움을 받았을 뿐만 아니라, 장보고 선단의 도움으로 무사히 귀국할 수 있었다. 당시 바다를 건너는 건 위험천만한 일이었고, 가장 안전하게 건너는 방법은 장보고 선단에 몸을 의탁하는 것이었다.

엔닌 스님은 말로만 장보고를 평생의 은인으로 여긴 게 아니었다. 그의 저서 『입당구법순례행기』는 동양의 3대 여행기로 꼽히는데, 장보고와 그의 선단에 관한 기록을 가장 자세히 기록했다. 그는 여기에 장보고에게 보내는 편지 두 통을 남겼다.

"대사를 직접 뵙진 못했지만 높으신 이름을 오래전부터 들었기에 흠앙하는 마음 더욱 깊어만 갑니다. 언제 뵈올지 기약할 수 없으나 다만 대사에 대한 생각만이 날로 깊어집니다."

일본 천태종의 본산인 연력사는 일본의 국보 사찰이며 유네스코 세계문화유산으로 지정되었다. 연력사의 별원인 적산서원에는 활을 든 장보고의 영정이 모셔져 있다.

당나라를 택한 궁복과 정년

— ✤ —

장보고는 어떻게 9세기 동북아시아 삼국 모두에서 추앙받는 유일한 인물이 되었을까? 궁복은 완도의 작은 섬에서 태어났다. 혈기왕성한 궁복의 유일한 낙은 같은 동네에 사는 정년과 노는 것이었다.

둘은 활쏘기를 비롯한 무예에 능했고, 바다 소년이라 수영에도 능했다. 기록에 따르면 정년은 숨 쉬지 않고 50리를 수영했다고 하는데, 그만큼 잠영 능력이 뛰어났다는 과장된 표현일 것이다.

바다를 보고 자라 꿈이 넘치는 두 청년에게 완도는 너무 좁았다. 둘은 다른 시대의 청춘들과 비슷한 꿈을 꿨다. 고향을 벗어나 더 넓은 세상으로 나아가고 싶었다. 그러나 철저한 신분제 사회인 신라의 서라벌은 그들의 이상향이 될 수 없었다.

신라의 골품제는 성골, 진골 두 개의 골과 6두품부터 최하위 계층인 1두품에 이르는 여섯 개의 두품을 포함해, 모두 여덟 개의 계급으로 나뉘었다.

오직 성골만 왕이 될 수 있었으나, 성골이 소멸되며 태종무열왕을 시작으로 진골이 왕위를 이었다. 진골 아래 계급 중 6, 5, 4두품은 관료가 될 수 있었지만, 하위 계층은 출세가 불가능한 구조적 장벽이 있었다.

"정년아! 당나라로 가자."

궁복과 정년은 왜 당나라행을 선택했는가? 당나라는 중원을 통일하는 과정에서 민족과 국적을 가리지 않고 능력 위주로 인재를 등용했다. 세습된 신분과 상관없이 타고난 재능과 본인의 노력만 있다면 누구나 성공할 수 있는 기회의 땅이었다.

당나라의 빈공과는 외국인을 상대로 실시한 과거제도이고 최치원은 빈공과로 당나라에서 성공을 거둔 대표적인 신라인이다. 삼국을 통일했지만 정작 신라인을 품지 못한 그들의 신분제도인 골품제는 소년 궁복과 정년을 당나라로 실어 보냈다.

둘은 서주에서 군인이 되는 길을 선택했다. 용병에게도 후한 대접을 한다는 무령군에 입대한다. 서주 일대를 다스리던 절도사 휘하의 부대 무령군에 입대한 궁복은 그렇게 군인이 되었고,

완도 청해진 유적 방책
ⓒ한국민족문화대백과사전

스스로에게 장보고라는 이름을 주며 해신이 되기 위한 첫걸음
을 바다 아닌 육지에서 시작했다.

둘은 무령군 내에서도 낭중지추 그 자체였다. 신분제의 벽이
사라지자 중원을 마음껏 누비며 공적을 쌓아 나갔다. 무령군에
서 군인으로서 커리어를 차근차근 쌓아 가던 그들에게 큰 위기
이자 기회가 찾아왔다.

당시 50년 넘게 당나라의 골머리를 앓게 했던 이들이 있었
다. 그들은 멸망한 고구려 유민 출신으로 당나라 안에서 자치권
을 행사하던 이정기, 이사도 등의 평로치청군이었다. 당나라에
세금도 내지 않으며 산둥반도 지역을 장악하고 있던 이들이 반
란을 일으킨 것이다.

그들을 진압하고자 무령군이 투입되었고, 장보고와 정년은

큰 공을 세운다. 그리고 당나라 군사 1천 명을 지휘할 수 있는 무령군 군중소장에 임명된다. 두 소년의 꿈이 실현되는 듯했다.

그러나 군인으로서 승승장구하던 장보고는 인생의 항로를 튼다. 오직 비범한 자만이 안전한 길을 가다 방향을 바꿀 수 있다. 장보고는 젊음과 타고난 무예 능력을 활용했지만, 머리 또한 비상했다.

신라인으로써 군에서 출세의 한계를 예측한 그는 오히려 신라인의 이점을 살릴 수 있는 새로운 길을 열기로 결심한다.

중년이 되어 신라로 돌아온 장보고
—❈—

당나라는 다양한 나라와 교역을 하고 있었으며, 수도 장안은 20세기 뉴욕 버금가는 메가시티였다. 통일신라도 당연히 당나라와 활발한 교역을 하고 있었고, 코리아타운 격인 신라방이 당나라 해안 지역에 자리 잡고 있었다.

신라방의 신라인들은 무역, 상업, 조선업, 상공업 등 다양한 분야에 종사하고 있었는데, 두 나라 말과 문화에 능통하고 당나라에서 입지도 탄탄한 장보고는 두 나라의 교역을 위해 그야말로 준비된 인재였다.

장보고는 뛰어난 사업 수단과 친화력으로 당나라에서 사업가로 빠르게 자리를 잡아 나갔다. 이윽고 큰 도약을 위해 적산법화원이라는 산동반도 최초의 절을 창건한다. 적산법화원은 불교 국가인 신라 백성을 위한 종교 시설이자 해상무역을 위한 거대 플랫폼 역할을 하게 된다.

신라에서 승려를 직접 모셔와 모국어로 법회를 여니, 당나라에 머무는 수많은 신라인이 사랑방 드나들듯 절에 모였다. 또한 무역상을 위해 숙소와 식사도 제공하니, 바다에 떠다니던 정보가 함께 흘러 들어왔다.

시간이 흘러 적산법화원에는 각국의 무역상뿐만 아니라 관리들까지 출입하며 거대 인적 네트워크가 형성되었다. 장보고는 적산법화원을 통해 명성과 빅데이터를 거머쥐게 된 것이다.

파도가 없는 바다는 없고, 바다는 인생을 닮았다. 승승장구하던 장보고에게도 큰 고민이 있었으니, 장보고가 넘어야 할 파도는 바로 바다의 해적이었다. 해적들은 장보고에게 막대한 경제적 피해를 입혔고, 신라인들을 납치해 당나라 노예시장에 내다 팔기도 했다.

중년이 된 장보고는 십수 년 만에 신라로의 귀국을 결심한다. 그의 귀국 목적은 신라 제42대 흥덕왕에게 거절할 수 없는 제안을 하기 위해서였다.

골품제 안의 신라인 궁복이었다면 신라 왕을 만날 수 없을 것이다. 하지만 그는 더 이상 완도 소년이 아닌 당나라에서 큰 성공을 거둔 사업가였다. 신라왕은 당나라 사업가 장보고의 알현을 허락했다. 두 사람의 대화는 『삼국사기』에 기록되어 있다.

"당나라를 두루 다녀보니 신라 사람을 노비로 삼고 있습니다. 부디 청해에 진을 설치해 적도들이 사람들을 당나라로 잡아갈 수 없게 하십시오."

"과인은 장보고를 청해진 대사로 명하고, 군사 일만 징발할 수 있는 권한을 제수하노라."

당시 신라 해군은 신출귀몰한 해적을 소탕할 여력이 없었다. 신라 입장에선 자국 출신의 전직 당나라 군인이자 성공한 사업가인 장보고의 제안을 거절할 이유가 없었다.

그렇게 당시 신라에는 없던 관직인 '대사'로 임명하며 장보고와 윈-윈을 도모하는 결정을 내린 것이다. 장보고는 신라 백성의 안전과 장보고 선단의 안전한 항해를 위해 먼저 해적 소탕 작전을 시작했고, 결과는 『삼국사기』에 기록되어 있다.

"바다에서 우리나라 사람을 노예로 파는 사람이 없어졌다."

동아시아 해상무역의 허브, 청해진

— ✳ —

해적이 사라지자 장보고의 청해진은 동아시아 해상무역의 허브로 급부상했다. 청해진은 신라에게 황금알을 낳는 거위였다. 청해진에서 꼬박꼬박 들어오는 세금으로 재정이 넉넉해졌고, 장보고가 수입해 오는 사치품에 신라 귀족들은 열광했다.

당나라에서 유행하던 물총새의 털인 비취모로 화려하게 옷을 장식했고, 거북이 등껍질로 장식한 화문 빗으로 머리를 빗고 연회를 즐겼다.

그런데 신라 귀족들이 열광한 화문 빗을 화려하게 장식한 거북이 등껍질은 아랍에서 수입한 것이었다. 장보고와 동시대를 산 아랍인 이븐 쿠르다지바의 저서에는 신라가 언급된 정도가 아니라 지리적 위치와 교역 품목까지 기록되어 있다.

장보고는 아랍에서 출발해 인도양을 건너 인도네시아 팔렘방, 당나라 양주와 일본의 하카타항을 잇는 해상 실크로드의 한 축을 담당하고 있었다.

하카타항은 후쿠오카의 무역항으로 고대는 물론 현대에도 일본의 주요 무역항 역할을 하고 있는데, 일본의 기록에 따르면 장보고가 무역을 위해 하카타에 직접 왔었고 일본을 떠날 때는 당시 그곳에서 8년째 살고 있던 신라인을 통역으로 데려갔다고 한다.

일본은 장보고의 한자어를 보배 보, 높을 고 자로 역사서에 기록하고 있다. 『속일본후기』 841년의 기록을 살펴보자.

"신라인 장보고가 작년 12월 말 안장 등을 가져왔는데, 그들이 갖고 온 물건은 민간에 맡겨 교역할 수 있게 하라. 다만 백성으로 하여금 값을 어기고 다퉈 가산을 기울이지 않도록 하라."

일본은 장보고 선단이 입항하는 날을 손꼽아 기다리고 있었던 것이다. 그리고 장보고 선단의 물건을 구입하고자 과소비를 경계하고 명할 정도니, 장보고의 일본 내 영향력을 유추해볼 수 있다.

837년 5월, 늘 스스로 운명을 개척하던 장보고에게 한 남자가 길을 막고 장보고에게 질문을 던졌다.

"대사! 내 아버지가 살해되었소. 내 목숨도 경각에 이르러 대사를 찾아왔소. 옛정을 생각해서라도 나를 내치지 마시오."

그는 서라벌의 귀족 김우징이었다. 김우징은 장보고를 청해진 대사로 임명한 신라 제42대 흥덕왕 대에 시중을 지낸 인물이다. 시중은 오늘날의 국무총리에 해당하는 관직으로 서라벌의 실력자였으나, 왕위 계승 싸움에서 밀려 궁지로 몰린 것이다.

사건은 흥덕왕이 후손 없이 사망하며 시작되었다. 차기 왕위는 김우징의 아버지가 유력했으나 흥덕왕의 조카가 김우징의 아버지를 살해하며 제43대 희강왕으로 즉위했다.

당시 신라는 왕 또는 왕위 계승 예정자가 암살당하는 일이 비일비재했다. 이후 100년도 지나지 않아 신라는 멸망하니, 물리적인 폭력으로 권력을 탈취하고 유지하는 건 망국의 징조임을 다시 확인할 수 있다.

장보고는 김우징을 청해진에 숨겨주며 서라벌에서 벌어지고 있는 폭력 사태를 관망한다. 얼마 후, 자신의 아버지를 죽이는 데 앞장섰던 이가 제44대 민애왕으로 등극하자 김우징이 장보고에게 다시 질문한다.

"대사! 아버지의 원수도 갚고 무너져 가는 신라를 바로 세워야 할 때입니다. 하지만 내겐 군사가 없소. 대사는 군사와 부, 인품 모든 걸 갖췄으나 다만 한 가지가 없소. 내가 왕이 되면 대사의 마지막 한 부분을 채워 주리다. 나를 도와주시겠소?"

장보고의 대답은 『삼국사기』에 기록되어 있다.

"의를 보고도 행하지 않으면, 용이 없는 거라 했습니다. 명령하시면 곧 따르겠습니다."

장보고는 최측근 정년을 사령관으로 임명하고, 청해진 최정예 부대 5천 명을 준비시켰다.

"정년아! 우리의 오랜 꿈이 이뤄질 수 있다. 반드시 살아 돌아와야 한다."

"형님! 내 금방 돌아올 것이니, 산해진미로 가득한 술상을 차려놓고 기다려주시오."

장보고는 늘 안정된 항구를 벗어나 거친 바다를 향해 나아갔다. 지금까진 모든 항해가 성공적이었으나, 이번은 지금까지와 차원이 다른 모험이었다.

신라 왕실의 눈엣가시, 장보고의 최후

—— ❊ ——

정년이 이끄는 5천 명의 청해진군을 맞이한 건 수만의 신라군이었다. 수적으로 절대 열세였으나, 해적과의 실전 경험이 풍부하고 사기가 높았던 청해진군이 승리한다. 아무리 왕권이 안정되지 못해 신라군의 사기와 기세가 떨어졌다고 하나, 청해진군의 승리는 모두의 예상을 깬 것이었다.

청해진군의 승리로 김우징은 신라 제45대 신무왕으로 즉위한다. 신무왕은 장보고를 명예직이지만 군 최고 사령관에 준하는 감의군사로 봉하고 식읍 2천 호를 내렸다.

2천 가구에 딸린 사람들의 노동력과 세금을 징수할 수 있는 정도였다. 삼국을 통일한 김유신에게 식읍 500호가 내려졌다고 하니, 왕이 장보고에게 가진 진심을 짐작할 수 있다.

그러나 왕으로부터 받은 후한 상은 오히려 독이 되었다. 신라 귀족들의 반발과 장보고에 대한 시기와 경계는 극에 달한다. 장보고는 서라벌의 모든 걸 포기하고 청해진으로 내려가기로 결심한다. 서라벌을 떠나기 전날 왕을 찾은 장보고는 둘 사이의 약속을 환기한다.

"신이 서라벌에 머무는 건 왕께도 도움이 되지 않습니다. 신은 청해진에서 제가 하던 일을 하겠습니다. 다만 제 여식을 잊지 마십시오."

"내 대사와 한 약속을 어찌 잊겠소. 조만간 대사의 딸과 내 아들의 혼인을 올리도록 하겠소."

김우징은 장보고에게 군사를 청하며, 거사가 성공한다면 자신의 아들과 장보고의 딸의 결혼을 약조했던 것이다. 그러나 신무왕은 즉위 6개월 만에 사망하고 만다.

뒤를 이어 문성왕으로 등극한 그의 아들은 충격적인 발표로 신라 조정을 발칵 뒤집어 놓는다. 장보고와의 약속을 지키고자 장보고의 딸을 후비로 맞이하겠다는 것이었다. 이 소식을 들은 장보고와 청해진 사람들은 크게 기뻐했다. 그러나 왕의 결정에 신라 귀족 사회가 들고일어났다.

"궁복은 바다의 섬사람이거늘, 그 딸을 어찌 왕실에 짝지을 수 있겠습니까?"

모두가 바다의 왕, 해신이라 불렀지만 신라의 골품제만은 그를 궁복이라 불렀다. 문성왕은 결국 신하들의 반대로 결정을 철회한다. 이 결정으로 서라벌과 청해진은 돌이킬 수 없는 관계가 되고 말았다. 막강한 군사력을 갖고 이미 한 차례 새로운 왕을 세운 적이 있는 장보고는 신라 왕실에게 눈엣가시가 아니라 공포의 대상이었다. 김우징(신무왕)의 부하 장수였던 염장이 신라의 귀족 세력에게 새로운 거래를 제안했다.

"장보고, 아니 궁복과의 관계는 이제 돌이킬 수 없습니다. 조정에서 신의 말을 들어주신다면, 신이 맨주먹으로 궁복의 목을 베어 바치겠습니다. 신이 바라는 건 단 하나, 청해진을 제게 주십시오."

신라의 귀족들은 해상무역으로 막대한 세금을 바치는 청해진의 천한 거위 궁복은 필요했지만, 자신들의 밥그릇을 위협하는 장보고는 필요하지 않았다.

"좋다! 네가 궁복의 목을 가져온다면 청해진은 네 것이다."

해상왕 장보고는 손님으로 맞이한 염장에 의해 허무하게 생을 마감한다. 그러나 청해진은 신의를 잃은 염장의 것이 될 수 없었다. 장보고가 사망하자 청해진 사람들은 하나둘씩 떠나기 시작했고, 장보고 사후 몇 년도 버티지 못하고 완전히 폐쇄되었다. 청해진 폐쇄 후 신라의 명도 채 100년을 채우지 못했다. 신라의 골품제가 가른 건 황금알을 낳는 거위가 아니라 자신들의 배였다.

기묘한 한국사

초판 1쇄 발행 2025년 6월 10일

지은이 | 김재완
펴낸곳 | 믹스커피
펴낸이 | 오운영
경영총괄 | 박종명
기획편집 | 김형욱 최윤정 이광민
기획마케팅 | 문준영 박미애
디자인 | 윤지예 이영재
디지털콘텐츠 | 안태정
등록번호 | 제2018-000146호(2018년 1월 23일)
주소 | 04091 서울시 마포구 토정로 222 한국출판콘텐츠센터 319호(신수동)
전화 | (02)719-7735   팩스 | (02)719-7736
이메일 | onobooks2018@naver.com   블로그 | blog.naver.com/onobooks2018

값 | 20,000원
ISBN 979-11-7043-645-4 03910